EDUCATIONAL THINKING AND PRACTICE
ON UNDERGRADUATE TALENT TRAINING

本科人才培养的
教育思考与实践

邵　辉　徐守坤　邵小晗　李忠玉　毕海普　等◎著

科学出版社

北京

内 容 简 介

人才是民族复兴、国家强盛的基础支撑，本科人才又是人才金字塔的基石，本科人才培养在高等教育中具有重要的基础地位，是一个系统的、多元的、动态的教育教学过程。

本书以常州大学安全工程专业、计算机科学与技术专业的本科人才培养为例，结合笔者多年来关于本科人才培养的经历，遵循"认识→实践→再认识→再实践"的基本原则，从社会发展与国家战略对本科人才的需求出发，较为深入地探讨了本科人才培养教育的"教-学"，以及本科人才培养的专业建设、课程建设、基层教学组织、教学研究等教育教学问题，并对本科人才培养的教育进行了反思，为高质量的本科人才培养提供了有益的实践案例与参考路径。

本书可为高等学校的教师以及从事教学管理的人员提供参考，也可为从事高等教育研究的人员提供相关借鉴。

图书在版编目（CIP）数据

本科人才培养的教育思考与实践 / 邵辉等著. —北京：科学出版社，2024.3
ISBN 978-7-03-078308-0

Ⅰ.①本… Ⅱ.①邵… Ⅲ.①高等学校-人才培养-研究-中国 Ⅳ.①G649.2

中国国家版本馆 CIP 数据核字（2024）第 059261 号

责任编辑：朱丽娜 冯雅萌 / 责任校对：何艳萍
责任印制：赵 博 / 封面设计：润一文化

科学出版社 出版
北京东黄城根北街 16 号
邮政编码：100717
http://www.sciencep.com

北京建宏印刷有限公司印刷
科学出版社发行 各地新华书店经销
*
2024 年 3 月第 一 版 开本：720×1000 1/16
2025 年 1 月第二次印刷 印张：14 3/4
字数：255 000
定价：99.00 元
（如有印装质量问题，我社负责调换）

前　言

本书以国家级一流本科专业建设点（安全工程、计算机科学与技术）的人才培养为主线，以常州大学的本科人才培养为例，结合邵辉从教42年的教学与人才培养经历，较为全面和系统地分析、总结了多年来在本科人才培养与教育教学改革等方面的思考和实践，以期为我国高等教育的本科人才培养提供参考与借鉴。

教育教学实践告诉我们，本科人才培养是一项涉及方方面面的复杂系统工程，既有教育理论的问题，也有操作层面的问题，同时还会受到学校、社会、家庭等因素的影响，没有一成不变的人才培养模式可以模仿，没有完全一样的人才培养道路可以遵循。在对本科人才培养的思考与实践方面，我们积累了一些有益的经验与启示。但愿我们的思考与实践能够引起教育同行的评判与关注，以期我们共同促进教育"回归常识、回归本分、回归初心、回归梦想"，履行"为党育人、为国育才"的教育职责，不断提升我国高等教育本科人才培养的质量。

全书共七章，分别为绪论、本科人才培养教育的"教-学"、本科人才培养的专业建设、本科人才培养的课程建设、本科人才培养的基层教学组织、本科人才培养的教学研究、本科人才培养的教育反思。

本书由邵辉与徐守坤共同负责统审工作，各章负责人员具体如下：邵辉撰写了第一章的第一、二节，第七章；徐守坤撰写了第一章的第三、四节，第五章的第一节；邵小晗撰写了第二章、第三章、第四章、第六章，并负责全书的校对工作；李忠玉撰写了第五章的第三节；毕海普撰写了第五章的第二节。

本书得到了江苏省高等教育教改研究重点课题（解决复杂安全工程问题能力培养的线上线下混合式教学模式研究，2021JSJG127；"互联网+"下安全人才培养教学模式改革的研究与实践，2017JSJG026）、国家级一流本科专业建设点（安全工程、计算机科学与技术）、安全工程江苏省高校二期品牌专业、安全工程江苏省"十四五"首批高校国际化人才培养品牌专业建设点、催化协同创新中心"2011计划"专项项目（能力导向创新型化工环境安全类研究生培养模式研究，ACGM2020-04）等的资助，同时还得到了江苏省教育厅、常州大学有关领导及相关部门的关心与支持，在此向他们表示衷心的感谢！

本书在编写过程中参考了大量的资料，特向这些资料的作者致谢，同时对科学出版社的大力支持表示感谢！

鉴于水平有限，书中难免存在不足之处，敬请各位读者批评指正！

邵　辉

2023年1月春节于常州大学

目　　录

图　目　录

表 目 录

第一章

绪　论

　　人才是第一资源，是民族振兴、国家强盛的基石。人才培养是大学的本质职能，本科教育是大学的根和本。人才培养是一项复杂的系统工程，涉及师生等多类主体，专业学科等多组要素，课程教材、实验平台、教学设施与环境等多种资源，培养过程的多个环节等。打造优良的育人生态，提升学科与专业、教学与育人、教师与教学、资源与保障的协同与融合，有助于促进高质量本科人才的培养。

第一节　本科人才的社会需求

社会的发展需要各类、各层次人才的支撑，如职业技能人才、本科人才、研究生人才、工科人才、管理人才、艺术人才等，这些人才的培养构成了各种各样的教育。而本科人才的培养与教育在整个教育体系中发挥着承上启下的重要作用，本科人才也是社会发展需求最大的人才类别，世界各国均将本科人才教育放在首位。

"本科人才"是一个比较广义的概念，是指通过本科教育，能够满足相应社会需求的一类专门人才。在我国，本科教育可分为专科起点的两年制本科、高中起点的四年制本科（五年制的医学类、建筑学类，六年制的音乐院校部分学科类）等。此外，本科自考也是我国基本高等教育制度之一，《中华人民共和国高等教育法》规定，"国家实行高等教育自学考试制度，经考试合格的，发给相应的学历证书或者其他学业证书"。《高等教育自学考试暂行条例》第三十二条明确规定，"高等教育自学考试毕业证书获得者的工资待遇：非在职人员录用后，与普通高等学校同类毕业生相同；在职人员的工资待遇低于普通高等学校同类毕业生的，从获得毕业证书之日起，按普通高等学校同类毕业生工资标准执行"。

本科教育是高等教育的根本，下接专科教育，上承研究生教育，同时又独立面向社会各种需求。根据社会生产的需要，本科人才可分为学术型本科人才、应用型本科人才、创新创业型本科人才等。

根据教育部的统计数据，2021年，全国有普通本科毕业生4 280 970人，成人本科毕业生1 420 887人，网络本科毕业生898 773人[①]，即全国本科层次的毕业生达6 600 630人。目前，我国高等教育正在从培养数量向培养质量转型，根据我国的国家战略需求与社会发展需要调整本科人才的培养类型，提升本科人才的培

---

① 教育部.（2023-01-04）[2023-03-30].各级各类学历教育学生情况.http://www.moe.gov.cn/jyb_sjzl/moe_560/2021/quanguo/202301/t20230104_1038067.html.

养质量,这是新时代我国高等教育在本科人才培养方面需要思考与解决的重大问题。

一、学术型本科人才

学术型本科人才也称研究型人才,是指从事学术研究、理论研究的本科专门人才,我国"985工程""211工程"院校是学术型本科人才培养的摇篮。但受传统的重"学术"、轻"应用"思想的影响,部分非"985工程""211工程"院校也紧跟其后,片面追求学术型本科人才培养,放弃了自己的应用特色与优势,结果造成其培养出来的毕业生既不是学术型本科人才,也不是应用型本科人才,不仅造成本科教育的资源浪费,而且不能满足社会对不同层次、不同类别本科人才的需求。

学术型本科人才处于本科人才的"金字塔"尖,从整个社会需求的数量来说,其属于较少的一部分,但从社会需求的战略意义来说,其又是极其重要的。从人才教育的角度来说,学术型本科人才培养的教育内容、方法、路径、条件等区别于其他类别的本科人才,其关注的中心是学术、理论的前沿与创新,其人才一般处于研究院所、高等学校、战略管理等社会机构,为社会发展提供基础理论、技术引导、创新路径、战略咨询等方面的支撑。

二、应用型本科人才

应用型本科人才也称应用技术型人才,是以工程应用为人才培养宗旨,实施工程技术与工程实践相结合的培养路径,强调学生工程思维、工程设计、工程管理、工程应用的综合技能培养。应用型本科人才在本科人才中占有主导地位,这类人才的培养教育对于满足我国经济社会发展对高层次应用型人才的需要以及推进我国高等教育发展进程具有积极的促进作用。

应用型本科人才是社会生产发展的主力军,从人才教育的角度来说,应用型本科人才培养更加关注的是工程应用,重点培养解决工程实际问题的综合能力。因此,应用型本科人才的教育内容、方法、路径、条件等与学术型本科人才的培养有显著不同,其关注的中心是应用思维、工程方法、技术创新与融合等,重在培养本科人才在理论指导下的应用、创新与实践能力。这类人才通常遍布于社会组织的各个角落,为社会生产的和谐发展提供了最广泛的人才资源支撑。

根据教育部的统计数据,2021年,全国有普通本科院校1238所,本科层次职业学校32所[①],即全国共有1270所本科院校。如何引导、鼓励相关院校逐步向应用技术型大学转变,从而为应用型本科人才的培养提供广袤的土地,将是今后高等学校改革的一个方向。

三、创新创业型本科人才

创新创业型本科人才是为适应我国当前社会发展需要的一种新型本科人才培养模式,是侧重当前社会急需的人才而采用特殊的培养方式与培养路径(如教育部推行的现代产业学院)所培养出来的人才,这种人才具有鲜明的创新创业特点,紧密对接国家主体功能区战略和区域产业布局,如现在国家急需的IT(internet technology,信息技术)人才、新能源人才、新材料人才等。创新创业型本科人才培养依据技术发展逻辑体系构建培养方案,采用探索任务式、项目式、探究式等培养模式进行人才培养。

在我国,创新创业型本科人才的培养还处于探索阶段,为将这类人才的培养区别于学术型本科人才、应用型本科人才的培养,还有许多问题有待解决。例如,创新创业型本科人才培养的定位问题,高校创新创业型本科人才培养就是要以学生发展为中心,突破教育传统路径依赖,充分发挥产业优势,发挥企业的教育主体作

---

① 教育部.(2023-01-04)[2023-03-30].各级各类学校校数、教职工、专任教师情况.http://www.moe.gov.cn/jyb_sjzl/moe_560/2021/quanguo/202301/t20230104_1038068.html.

用，深化产教融合，建强优势特色专业，完善人才培养协同机制，造就大批产业需要的高素质创新创业型人才，为提高产业竞争力和汇聚发展新动能提供人才支持与智力支撑。再如，创新创业型本科人才培养的产业学院模式的办学定位问题，《教育部办公厅 工业和信息化部办公厅关于公布首批现代产业学院名单的通知》提出，"坚持育人为本、产业为要、产教融合、创新发展，打造一批融人才培养、科学研究、技术创新、企业服务、学生创业等功能于一体的现代产业学院"。产业学院要从创新人才培养模式、提升专业建设质量、开发校企合作课程、打造实习实训基地、建设高水平师资队伍、搭建产学研服务平台、完善管理体制机制等方面进行建设，为创新创业型本科人才培养提供教育支撑。

四、社会对本科人才需求的多层次

上文从学术型本科人才、应用型本科人才与创新创业型本科人才三个方面概述了社会对不同类型人才的需求，这三类人才虽然有区别，但也有共同之处，并且每类人才之中又有层次之分。从人才的组织结构出发，社会对本科人才需求的组织结构呈金字塔形，如图1-1所示。

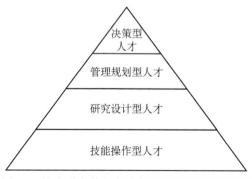

图1-1 社会对本科人才需求的金字塔形组织结构

首先是技能操作型人才。技能操作型人才是为满足社会生产的基本需求而培养产生的，也是数量最多的人才。因此，如何培养高质量的技能操作型人才是本科教育人才培养的基本任务。高校要正确认识与理解技能操作型人才的内涵，重点要突出技能与操作，在人才培养中有的放矢，合理施教。

其次是研究设计型人才。研究设计型人才是在技能操作型人才培养的基础上进一步拓展深化理论研究与设计教育而培养产生的，是促进社会发展的必要保障。高校要根据社会发展需求研究这类人才的特征，设计相应的人才培养方案，提升人才培养的契合度。

再次是管理规划型人才。这类人才处于金字塔的上部，是社会发展的战略基石。管理规划型人才的培养是在前两类人才培养的基础上，更加突出系统管理、整体规划思维的培养与训练。因此，高校在人才培养过程中，需要改革传统的专业性人才培养模式，打破专业、学科壁垒，促进多学科的交叉与融合，构建跨专业、跨学科的人才培养体系。

最后是决策型人才，这类人才处于金字塔的顶尖，是社会发展的关键人才，是各类人才中的精英。从教育的角度来说，决策型人才培养是更加复杂的系统工程，要结合时代、社会的发展特点，研究决策型人才必须具备的特质，进而促进决策型人才的培养。

社会对本科人才需求的金字塔形组织结构为高等教育的人才培养提供了指导，不同类型的高校要根据自己的办学定位，合理确定各类人才的培养比例，在教育教学过程中要因材施教，分类培养，满足社会发展对不同人才的需求。

第二节　本科人才培养的三角形结构基础

本科人才培养需要方方面面的条件与支持，其中专业、教学与教研是最基础的要素，三者构成了本科人才培养的三角形结构，如图 1-2 所示。围绕本科人才的培养，这三个要素既相对独立，又相互关联、相互作用，共同影响着本科人才培养活动的发展与结果。

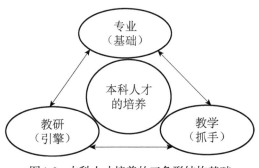

图1-2 本科人才培养的三角形结构基础

一、专业是人才培养的基础

什么是专业？这是本科人才培养的一个基本问题。周光礼在《走向高等教育强国：发达国家教育理念的传承与创新》一文中指出，专业教育是一个宽泛的概念，包括综合性的学术教育、单科性的专业教育和职业教育。[①]专业教育的不同表现形式与社会需求密切相关，社会需求对专业教育理念的形成与发展产生了决定性影响。专业教育中的"专业"包括两层意思：一是专门学业；二是专门职业。专门学业的教育源于学科的高度分化，专门职业的教育源于社会分工的细化；前者的合法性基础是高深学问，后者的合法性基础是社会需求。正因为如此，现代大学专业设置的依据不但包括学科自身的逻辑，也包括社会需求的逻辑。

从教育学的意义上讲，专业在学科与社会需求之间发挥着纽带作用，发挥着促进学科中的系统知识与社会发展需求双向转变的作用，即专业引导着社会发展，同时社会发展又改变了专业方向。当今的专业教育与早期传统的大学教育思想不同，今天的专业教育既可以是职业性教育，也可以是学术性教育。研究者在

---

① 周光礼.2010.走向高等教育强国：发达国家教育理念的传承与创新.高等工程教育研究，（3）：66-77.

本科人才培养中要区分专业教育与职业教育，防止概念的混淆，正确把握专业教育的方向。

（一）专业在人才培养中的载体属性

为满足"社会需求""人才培养"的功能，高校各专业建设者必须将思维方式、逻辑结构、运行机制、培养目标、毕业要求、课程体系等形而上的、抽象层面的内涵具体化为一定的物质载体。通过"专业"这一载体，教育过程才能得以感知、实施、评价、改进、提升与发展，这就是专业作为教育育人载体的属性。专业的载体属性的本质就是将教育育人的内涵信息物化，形成可感知的操作，输出看得见的专业人才与社会服务。

专业教育的载体形式经历了一个漫长的发展过程，最早的专业教育载体形式就是学徒制，学徒制被公认为是现代职业教育制度的来源。早期的专业教育有一个基本特征，就是对各种专门人才的培养是在不同且互不联系的机构中展开的，如我国南朝时期出现的儒学馆、玄学馆、文学馆、史学馆等，对于研究现代专业教育的载体属性具有借鉴意义。

从专业的内涵来看，专业载体不可能是单一的物态形式，而是由若干不同物态载体单元（如教师、课程、实验室、图书资料、学生班级等）构成的、具有一定逻辑结构与功能的载体体系。因此，专业的载体可能有不同的组合模式，进而形成不同的功能。因此，专业建设既要注意专业载体物态的简明、有效，又要关注专业载体的功能，要从"以人为本"的角度、从人才培养的目标出发搭建专业载体，要能够充分体现专业的内涵与特色。

例如，在专业中的课程载体单元的构建方面，目前国内部分高校的课程设置受教师（教师能教什么课程）与专业总学时的制约，较为缺乏人性化，在一定程度上限制了学生的选择自由与兴趣发展。本科课程设置应尽可能具有种类多、内容广、学习便捷等特点，应充分考虑学生的发展与社会需求。但这样又会带来另外一个问题，即课程设置多了谁来教、学生选择分散时如何教等，这是专业的另一载体——教师的问题，是专业建设中需要协同思考与解决的问题。由此可见，专业载体体系中的载体单元要素既相互关联，又相互制约，做好载体单元要素的建设是构建有机、完整专业载体体系的基础。

再如，在课程载体单元要素构建中具体课程的建设方面，高校必须打破传统课程建设的思维模式，树立淡化知识传授、培养系统思维、训练工程方法、强化综合技能的理念，遵循从宏观到微观的课程体系建设思路，即由社会需求导向建立课程体系，并由课程体系的逻辑结构来确定课程类别，再由课程类别确定出具体的课程；同时还要反思，每一门课程对于课程体系的建设来说是否都是必需的，对学生的技能培养发挥了什么作用。

这里涉及一个整体与个体的系统问题，即既要充分把握课程体系整体的培养目标，又要充分认识与理解每一门课程的目的、内容以及如何组织课程等问题。例如，设置专业核心课程的目的就是保证学生在学习专业知识的细枝与末节之前，对其所置身的专业有一种框架性的理解与探索，也就是先见森林，再见树木。

此外，专业的载体功能还体现在是现代大学的基本构成单元方面。可以说，没有专业就没有现代大学，大学的性质、功能及社会地位都是由专业承载的。专业使得大学成为现代社会的重要组织机构，成为社会发展的创新源与动力站。

（二）专业的教师组织功能

专业的存在使得教师能够组织在一起，使得教师可以在专业的框架之下共同工作，从事专业人才培养的教学与研究。

从人才培养的系统角度来看，教师是最重要的、最活跃的要素，在人才培养中发挥着主导作用。在现代高等教育中，教师与专业的关系正在从传统的、单一的依附关系发展为多元的、交叉的关系。教师可能不再归属于某一专业，同时专业也在发生交叉融合的变革，以此来满足社会对综合性人才的需求。因此教师必须适应专业的变革，正确认识与理解专业的教师组织功能，通过专业这一载体来协调相关专业教师之间的关系，进而形成科学合理的专业教学团队，为专业人才培养提供保障。

专业的教师组织功能随着现代高等教育的变革也在发生变化，这种变化在某种程度上影响着人才培养的走向与质量。

首先，专业的结构形态影响着教师的组织与合作关系。社会经济与科学技术的飞速发展，对传统的专业教育带来了极大的冲击，高校中的专业结构形态正在悄然变化，使得教师的组织方式也发生变化。例如，2021年教育部开展的首批虚拟教研室试点，就是一种基于互联网的跨时空的教师组织形态，对人才培养的专业教育组织形态产生了极大的影响。

其次，专业的组织功能影响着教师教学能力的提升。专业为教师教学能力的提升提供了较为宽松的平台与环境，教师可以在专业框架内较为方便、和谐、有效地针对专业人才培养的方方面面进行研讨、交流与学习，开展名师教学观摩、教学设计展示、教学案例研讨、工程应用实践、课程教材建设、教学改革与研究等活动，使得教师不再是单枪独马地教学，而是以专业团队的形式教学，在这样的人才培养过程中，教师之间可以取长补短，共同进步，协同发展。

二、教学是人才培养的抓手

教学是由教师的教和学生的学所构成的一种人类特有的人才培养活动。也就是说，人才培养是通过教学过程来实现的，教学的质量直接关系到人才培养的质量，教学是人才培养的抓手，因此，要提升教学质量，以实现高质量专业人才的培养。

（一）教学的人才培养载体功能

教学具有较为广泛且概念化的意义，在人才培养过程中，教学必须物化为可操作的程序或载体，具体可分为教学环境、教学实施及教学评估，由此才能实现教学的人才培养载体功能。

首先，教学环境是教学的前提与基础。教学环境可分为教的环境与学的环境，既有软的方面，如教学理念、教育目标、教学形态等，也有硬的方面，如课程、教材、实验平台、教室、图书馆等。通过对教学环境的设计与建设，教学的软环境与硬环境得以高度融合，由此形成促进人才培养的优良教学环境。此外，现代教学环境的建设过程中又出现了"共同体中心环境"的概念，如由专业班级组成的共同体，由整个学校组成的共同体，还有由学生、教师、管理人员组成的更大共同体。"共同体中心环境"的概念对新时代教育的许多方面，如教学组织、教学实践、人才培养的路径等产生了新的影响，需要重新对其进行探讨。

其次，教学实施是教学的展开与实现。教学实施就是在设计好的教学环境中具体进行教学，从而实现人才培养目标的过程，在这一过程中，要特别注意把控教学过程的动态变化，使教师、学生、教学环境所组成的系统得以和谐、有效运行。要从系统工程的角度看待教学的实施，要系统、全面地考虑教与学的关系、教学目标的确立、教学内容的设计、教学方法的选择、教学过程的控制等要素，突出教学的理念与目标。

最后，教学评估是教学的保障与改进。教学效果如何，需要通过评估才能知晓，评估的结果依赖于反馈的有效性以及接受反馈后的教学是否进行了持续改进。评估是教学的重要环节，为保证评估的科学、合理与可靠，需要健全的评估机制、科学的评估方法与有力的保障措施。

从系统论的角度来说，评估就是对系统运行的监测与调控。对于本科人才培养来说，其评估通常是以四年为周期，对教育过程进行监测与调控的过程。评估体系是由不同周期、不同对象、不同层次的子评估系统构成的，如图1-3所示。

（二）教学的人才培养纽带功能

教学的实质是教-学的关系问题，这一关系是人才培养中最基本、最重要也是最活跃的关系，教师与学生通过教学过程实现有效的交流与沟通，最终建立专业教育的师生关系。

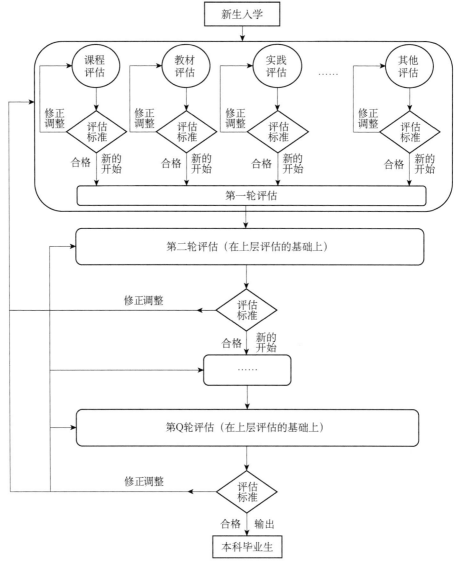

图1-3 基于系统论的教学评估体系

根据我国高等教育现阶段的人才培养实践，张俭民在《迷失与重建：大学师生关系探讨》一书中，将教-学关系分为"教师主体、学生客体"、"教师主导、学生主体"以及"双主体"三种。①

————————————

① 张俭民.2018.迷失与重建：大学师生关系探讨.武汉：华中师范大学出版社.

1. "教师主体、学生客体"的教-学关系

在教学过程中，"教师主体、学生客体"是最传统的教-学关系，这种关系对应的是一种以教师为主、以学生为辅的教学过程，教师在教-学关系中为主导者，学生处于被动从属的地位。其核心是，教师"闻道在先，术业有专攻"，被赋予了教育学生的责任，是矛盾关系的主要方面；而学生被认为是年轻无知的，是被教育、被重塑的对象，是矛盾关系的次要方面。这种关系在教育过程中极易使师生产生矛盾与冲突，不易发挥教师的创造性，同时易挫伤学生学习的积极性。

2. "教师主导、学生主体"的教-学关系

当前教育界比较认同的教-学关系是"教师主导、学生主体"，这种关系较为客观地反映了教与学的辩证关系。在这一关系中，教师主导作用的发挥主要取决于教师的社会职责、道德义务、年龄经历等要素。教师在教学过程中不是知识的单一传授者，通过对教学的目标、内容、路径、方法等的设计与引导，发挥教师在教学过程中的主导作用。学生是教学的主体，反映了学习是学生自己的事情，学生要从自身的角度出发来看待教学，树立学生在教学中的主体地位。

这种关系存在三个方面的不足：首先，将"主体"与"主导"放在一起进行比较，试图得出哪个为主、哪个为次的结论不符合逻辑规律；其次，主导作用并没有涵盖教师在教学中的全部作用，主导仅仅是教师在教学中所起作用的一个重要方面；最后，这种关系过分强调了学生的作用，不恰当地抬高了学生在教学中的地位，容易弱化教师在教学中应有的作用。

3. "双主体"的教-学关系

"双主体"的教-学关系是现在研究比较热门的话题，该关系又包括两种基本的关系，即教师是教的主体，学生是学的主体，以及教师和学生都是教学主体。

（1）教师是教的主体、学生是学的主体的教-学关系

这一关系分别从教与学两方面出发，将教师与学生作为这两个方面的不同主体，体现了教学主体的双重性。在教学过程中，当教师的"教"是主要矛盾时（如教师在讲授课程），教师是"教"的主体，学生是教的客体；当学生的"学"是主要矛盾时（如学生在复习课程、做作业、拓展学习等），学生是学的主体，教师是学的客体。在教学过程中，这两个主体不断转化，同时又相互作用、相互依存。该

关系的不足是分割了教学活动,把教师的教与学生的学简单加以组合,因而产生了无法统一的两个主体问题。

(2)教师和学生都是教学主体的教-学关系

这一关系从教师、学生都是教学主体的角度出发,认为在教学过程中,教师与学生共同形成了教学的复合主体,即教中有学、学中有教,两者是一种平等、互融的关系。但是在教学实践中,"双主体"的教-学关系往往无法操作,同时还会使教师与学生之间产生某些矛盾和问题,如如何定义复合主体、复合主体的关系如何平衡与协调,以及教学过程中,教师与学生都可能无意地争夺主体地位等。

三、教研是人才培养的引擎

教研是促进教学有效进行、提升人才培养质量的重要途径。为深入理解教学研究,不仅需要探讨人才培养的理论指导、培养模式、方法与路径等宏观问题,还需要研究教学过程的具体问题,如课程与教材的建设、教学设计、教学实施方法、教学考核、教学评价等。

在我国的高等教育过程中,教学研究还处于弱势,需要全体教育工作者的共同努力,让教学研究真正成为人才培养的引擎。

(一)教学研究改革的引领作用

约翰·S. 布鲁贝克(John S. Brubacher)在《高等教育哲学》一书中认为,学生的精神或心灵是自我运动的本源,它在各种能力和官能(如记忆和推理等)中表现自己。学生通过训练这些能力和官能进而发展精神力量,而精神力量又能按照人的意志从一种学科迁移到另一种学科,从一般的学习迁移到社会中的各种职业。[1]

---

[1]   约翰·S. 布鲁贝克.2002.高等教育哲学.王承绪,郑继伟,张维平等译.杭州:浙江教育出版社.

如何通过教学实现人才培养的目标？回答这一问题，需要思考与研究如下几个方面。

1. 教学理念的引领

教学理念的引领作用就是要以"学生中心、社会需求"为导向，对传统的育人模式不断进行改革，突破单纯的知识传授模式，强化能力培养的教学理念。

2. 教学模式的引领

一般认为，讲授就是教学，讲授的教学模式一直影响着传统教学，随着现代教学模式的出现与发展，讲授的教学模式面临挑战。新的教学模式在人才培养教学方面的引领作用逐渐凸显。教师在教学中需要启发学生什么？教师与学生如何建立互信、友爱的平等关系？这些都对当今的高等教育工作者提出了更高的要求。

3. 教学设计的引领

教学是一种有目的、有计划、有组织的活动，教学的精心设计与安排是保证教学活动有效开展的前提，因此，教学设计在教学过程中是位于前置环节的重要节点，对教学具有引领作用。

4. 教学技能的引领

在教学过程中，教师要探索教学技能的创新与应用，由此才能提高教学的效果。教学是一门沟通、交流与相互理解的艺术，需要各种教学技能的支撑，如教学语言的组织表达、肢体语言的配合、眼神的交换、心灵的碰撞等，这些技能以不同的方式组合，使教师形成了不同的教学风格，进而直接影响师生在教学过程中的沟通与交流。

5. 教学资源建设的引领

教学资源是人才培养的基础，如课程、教材、实验与实训、工程设计等，教学资源的建设必须满足社会发展的需要，要把学科的最新研究成果融入教学资源中，实现人才培养与社会发展的相辅相成。

（二）教学研究创新的动力作用

教学研究的灵魂是创新。以创新驱动教学研究的改革与发展，是人才培养的根本。通过对教学研究进行创造性探索与实践，进而创新教学关系，形成新的教学形态，有助于为人才培养提供教学理论、模式、方法、路径等方面的指导与支撑，不断提升人才培养的效益。人才培养的效益是一个广泛的概念，既包括人才培养的数量，也包括人才培养的质量；既有物质层面的形态，也有精神层面的内涵。

为深入理解教学研究创新的动力作用，需要思考如下问题。

1. 教学研究创新理念的动力作用

教学研究必须要有创新理念的支撑，要打破传统的教学研究思维，树立学生为中心、社会需求为导向的教学研究理念，促进对人才培养教学的认识与理解。

2. 教学研究创新机制的动力作用

教学研究创新机制就是以人才培养方案为核心，通过对人才培养方案的研究与实践，建立人才培养教学的运行机制，促进人才培养教学的有效运行。

3. 教学研究创新方法的动力作用

教学研究创新方法是教学有效性的重要保障。由于教学活动的动态性，要创新教学研究方法，必须对教育对象、教育环境、教育关系等要素进行拓展与融合，以促进人才培养质量的不断提升。

4. 教学研究创新多维融合的动力作用

人才培养需要学校、社会、家庭各方的共同协调与努力，教学研究创新的多维融合就是通过探讨各方的合作关系，寻求最佳的合作路径，促进学校、社会、家庭三方在人才培养方面的利益最大化。

5. 教学研究创新实践的动力作用

教学研究创新只有通过人才培养的教学实践才能实现，在这一实践过程中，要充分认识教师、学生、教学过程的媒介（如教育内容、教育方法、教育设备、教育工具等）、教学环境（如教师与学生在教室这一空间的某一时刻形成的课堂教学环境）四个教学要素的相互作用关系，探索它们之间的协调与平衡，促进教学实践活动的有效推进与教学目标的达成。

第三节 本科人才的"知识-技能-素养"架构

当今社会正处于高速发展、知识爆炸、技术创新层出不穷的大变局时代,高等教育面临一个基本问题,即人才培养按照什么样的"知识-技能-素养"架构进行。互联网的发展,信息技术的突起,使得知识的学习与传播突破了时空限制,传统以知识为核心的教育模式显然不能适应现代社会对人才培养的教育要求,能力与素养教育已成为高等教育的改革与发展方向。

梁渭雄和孔棣华在《现代教育哲学》一书中指出,教育是人的基本社会活动之一,它既是人自身再生产的基本途径,又是社会"遗传"和发展的基本要素。只有通过"教育"这一中介性要素,才能实现人的世世代代的社会"遗传"和发展。[①]因此,研究本科人才的"知识-技能-素养"架构,是开展有效教育的前提,这一架构要能够充分体现社会的"遗传"和发展,不断促进教育的发展。

本科人才的"知识-技能-素养"架构要从系统的角度出发,结合不同社会发展阶段对人才的不同需求进行综合思考,要防止知识狭窄、结构单一、过于强调专业性的架构。根据梁渭雄和孔棣华在《现代教育哲学》一书中提出的,人才的本质是具有"劳动能力"的人的观点[②],本科人才的"知识-技能-素养"架构必须为培养具有"劳动能力"的人提供指导与服务,据此,本科人才的"知识-技能-素养"架构图谱如图1-4所示。

由图1-4可见,本科人才的"知识-技能-素养"架构图谱可被视为由知识集合、技能集合、素养集合组成的一个可变的人才培养方案体系,也就是说,可以依据社会发展的不同阶段对人才的不同需求,在图1-4的架构下对具体内容进行调整,从而形成某一阶段的人才培养方案。

---

① 梁渭雄,孔棣华.1997.现代教育哲学.广州:广东高等教育出版社.
② 梁渭雄,孔棣华.1997.现代教育哲学.广州:广东高等教育出版社.

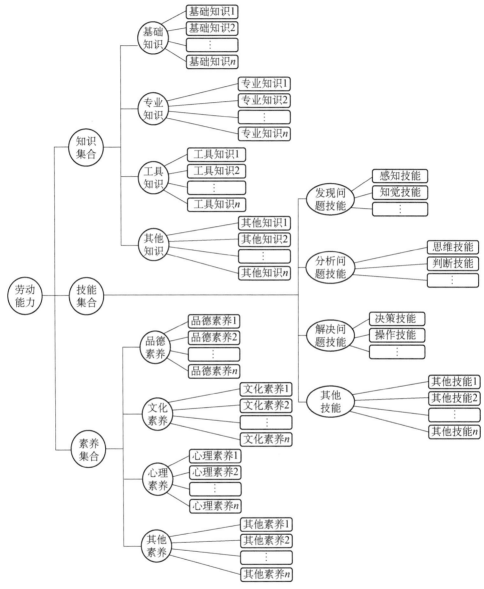

图1-4　本科人才的"知识-技能-素养"架构图谱

一、知识集合

知识是人才培养的基础,是人形成各种技能的前提条件,也是社会进步与发展的促进剂。但是,由于受教育对象的起点是高中教育或专科教育,他们具有了一定的知识积累，因此面对浩瀚无垠的知识海洋，如何选择知识、传授知识、应用知识，形成本科人才培养教育的知识集合体系，是本科人才培养教育首先要解决的问题。目前的本科人才培养教育的知识集合主要还是以"课程-教材"为基本载体呈现的，并且通过专业培养方案形成有机的课程体系。

由图1-4可知，知识集合分为基础知识、专业知识、工具知识、其他知识四个类别，分类的目的是便于在人才培养过程中进行分类管理与教学。每一类别的知识可再细化为更小的知识项（知识的子类别），依据知识项便可形成一门课程（相应的知识教材）。

二、技能集合

技能是人才培养的核心目标，也是人能够从事社会生产活动的要求与保障。不同的社会生产活动需要不同的技能（或多项技能的综合）的支撑。由图4-1可知，技能集合分为发现问题技能、分析问题技能、解决问题技能、其他技能四个类别。

技能培养是比知识传授更加复杂的教育过程，是在学习、综合、迁移知识的基础上的升华。技能培养不仅需要教师的教学引导，还需要学生在学习中的认识与理解，更需要结合工程实际的综合应用。本科人才技能培养应以"问题"为核心，培养学生的感知、知觉、思维、判断、决策、操作技能等，促进技能体系的形成。

在现行的教育实践中，本科人才技能培养还没有成熟的模式与固定的载体，一般是散落在课程教学、实验与实训教学、课程设计、毕业论文等环节。如何创新技能教育是培养高质量本科人才的关键。可喜的是，如今有些高校正在建设劳动课、创新创业课、项目引导课、案例解读课、方案设计分析课等课程，试图搭建技能培养的教育载体，探索技能培养的教育模式。

三、素养集合

素养是人才培养的终极目标，也是人才的灵魂，是人才的知识和技能充分发挥综合效应的原动力与机制中心。由图1-4可知，素养集合分为品德素养、文化素养、心理素养、其他素养四个类别。素养的培养教育与知识、技能的培养教育有显著区别，前者的范围更加广泛，内涵更加抽象，形式更加虚化。因此，素养培养教育的模式、方法、路径更加模糊，教育周期更长，教育过程更复杂多变。

从素养是人才的灵魂出发，素养教育越来越受到关注，许多教育工作者致力于对素养教育的内涵、模式、方法、路径进行研究与探讨，寻求素养与知识、技能的关系，最终达到在传授知识、培养技能的过程中实现"春风化雨、润物无声"的素养教育的目标。

第四节　本科人才培养的教育意义

本科人才培养的教育意义是什么？这是教育界普遍关注的问题。我们要围绕"培养什么人、怎样培养人、为谁培养人"这一根本教育问题，努力构建德智体美劳全面培养的教育体系，形成更高水平的人才培养体系。这就是本科人才培养的教育意义所在。

一、本科人才教育的调节与塑造意义

为什么可以通过教育解决"培养什么人、怎样培养人、为谁培养人"的问题？这就要从人的成长过程（包括生理成长过程与心理或精神成长过程）来思考。人的成长过程恰好是教育最佳的实施途径，通过教育对人的成长过程进行调节与塑造，最终使个体成长为社会所需要的人才。

人的发育期可分为婴儿期、幼儿期、童年期、青春期、成年期、老年期六个阶段，前四个阶段是教育的黄金期。美国著名教育学家、政治家尼古拉斯·默里·巴特勒（Nicholas Murray Butler）认为，人的幼儿期（又称无助期、依赖期）教育尤其重要，这是一个具有可逆性的时期，也是调整的时期，是个体适应环境的时期，个体在更广泛意义上对环境的适应就属于教育的范围。他还指出，青春期的生理年龄在14岁或15岁，而幼儿期的时间长短几乎是青春期的两倍。也就是说，幼儿期的儿童要适应周围的环境，并能够自食其力、取得成功、成就自我，需要近30年的时间。个体在幼儿园、小学、中学、大学，以及在独立工作前的职业学徒期的时间，加起来要达到25—28年，甚至30年。[①]

由此可见，人从出生到成熟的过程是一个漫长的适应、调节与塑造时期，在这一过程中，个体通过教育首先完成生理与心理的成长，其次实现人类传统知识及文明的传承，最终成为社会人。人的成长过程与教育的关系见图1-5。

图1-5 人的成长过程与教育的关系

由图1-5可见，个体从出生时的自然人成长为能够独立于社会、服务社会的社会人，要经历一个漫长的教育期，在不同的成长阶段，教育的内涵与方式各不相同。作为本科人才的培养教育，本科教育处于整个教育过程的最高端（包括大学教育与职前教育），担负着输出成熟社会人的责任。

二、本科人才教育的传承与赋能意义

本科人才教育的传承与赋能意义就好比原子的能跃。原子具有一定的能量，具

---

① 尼古拉斯·默里·巴特勒.2019.教育的意义.祝贺，江丹译.杭州：浙江教育出版社.

有不同能量的原子在不同的能级运行,原子要跃上更高能级运行,就必须获得更多的能量。作为本科人才培养的教育,要充分认识教育的传承与赋能意义。尼古拉斯·默里·巴特勒认为,进化论将所有的人都看作单个的活动中心,人受其所在环境的影响并反作用于环境。人们的物质生活、精神生活和道德生活是逐渐形成和发展的,我们可以将这一过程设想为一个点在一系列逐渐扩大的能级圈中穿行。当一个点到了充分成熟、受到教化之时,它会处在其所运行的能级圈上,这些能级圈分别对应受过良好教育的人的知识、才能或文化。[①]这一论断较为精辟地阐述了教育的传承与赋能意义,指出了人才教育的路径方向。人才培养教育的传承与赋能逻辑系统可用图1-6表示。

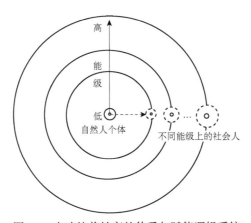

图1-6　人才培养教育的传承与赋能逻辑系统

　　图1-6较为清晰地说明了人才培养教育的传承与赋能过程。自然人在接受教育前处于较低水平的能级,但这时自然人的能量远远不能满足自身生存与适应环境的需要,更不要说满足其服务社会、实现自我的需要,因此需要通过教育获取更多的能量,向更高的能级跃变。

　　图1-6中的能级圈从里向外是逐渐递增的,每一能级圈分别对应知识、才能或文化。个体通过教育的途径获得这些知识、才能或文化后,将在相应的能级圈上运行。能级圈由低一级达到高一级是能级的跃变,是从量变到质变的过程。这一跃变

---

① 尼古拉斯·默里·巴特勒.2019.教育的意义.祝贺,江丹译.杭州:浙江教育出版社.

是教育者需要关注的关键环节，也是人才成长的关键节点。

在传承与赋能的教育过程中，要关注受教育者的天性、好奇心与思想萌芽，要在美和崇高的教育中培育其理性，提升其精神境界。

三、本科人才培养教育研究的意义

上文简述了本科人才教育的调节与塑造、传承与赋能的意义，那么如何在教育过程中实现其意义呢？这就需要进行系统的教育研究，探讨教育的内涵、教育方法、实施路径等问题。尼古拉斯·默里·巴特勒说过，"教育在本质上是保守的，它珍视日久年深的方法，尊崇古老悠久的标准"[①]。随着社会的变迁，教育必须要适应时代所处的经济基础，在继承优秀文化的基础上，不断地变革与发展，由此才能承担时代赋予的功能与使命。

开展教育研究是做好教育的前提与基础，德智体美劳全面发展是教育研究的方向。教育研究的意义可从三个方面加以思考，分别是生理学、心理学与社会学。这三者既相对独立，又相互关联，既有区别，又有许多共同之处，共同构成了本科人才培养的教育研究体系。

（一）教育研究的生理学意义

受教育者的生理要素是教育的物质基础，纵观国内外教育史，特别是所有文明古国（如古中国、古希腊、古埃及等），都强调生理学因素在教育中的重要性，如古希腊人通过让受教育的青少年参与游戏活动，以此增强青少年的生理素质，提升其健康体魄，这充分展示了古希腊人对生理学的教育价值的理解与应用。再如，古希腊最早开展的全国性体育赛事就将体育比赛与体质训练有机地结合起来，推动了生理学方法在教育中的融合与实践。我国的武术、太极拳、五禽戏、箭术等也将

---

① 尼古拉斯·默里·巴特勒.2019.教育的意义.祝贺，江丹译.杭州：浙江教育出版社.

生理学方法系统地融入了教育之中，对受教育者的生理成长与健康发挥了重要作用。

研究受教育者的身体、生理因素与教育的关系是现代教育的重要内容。学校要按照受教育者的身体与生理发展规律制定教育制度与实施方案，如学校的作息时间、教学计划与任务、教学设施（用具）、教室的光线与温度、运动场所、食堂的设置等，以增强受教育者的肌肉力量、身体柔韧性，塑造其坚毅、独立的品格。

（二）教育研究的心理学意义

心理学与教育的关系是教师必须了解的又一重要问题，在教育过程中采用心理学方法是促进有效教育的重要途径。有关教育研究的心理学意义，主要从三个方面来思考。

首先，教师需要按照心理学的原理与方法了解受教育者在教育期的心理成长规律，并以此进行教学安排，如教育内容、教育方式、教育方法、教育路径等，使其符合受教育者的心理成长规律，最终使教育效果最大化。

其次，教育的另一个重要目标就是培养心理健康的人格。因此，教师需要思考如何通过教育促进受教育者的心理健康发展。在教育过程中，教师不仅要考虑教育本身的问题，还要思考教育给受教育者的心理健康成长带来的影响。

最后，教师需要应用心理学的方法激发受教育者的好奇心与兴趣，在教育过程中通过深层次的沟通与交流，启迪受教育者的智慧。

教师在教育过程中应用心理学方法的关键是要能够洞察受教育者的心理过程与心理现象，通过对心理过程与心理现象的分析和调控，使教育向预定的目标发展。

（三）教育研究的社会学意义

现代教育是一个开放的系统，是置身于社会大系统下的一个子系统，教育必须服务于社会，要与社会相融合。教育研究的社会意义就是探讨教育的开放性及其与社会的相融性。

首先是教育的开放性，这是一个极为重要的问题。在教育的实践中，教育工作者会面临来自不同方面的挑战，如学校教育的局限性、教育的组织和管理、专业培养方案中课程体系的设置等。为应对这些挑战，教育工作者需要走出校园，开展深入的调查研究，探讨教育系统与社会系统的结构关系。教育工作者通过对社会中人的心理、行为、态度，以及人与人之间的相互关系等的研究，通过探究各种社会现象背后的原因与规律、预测社会的发展与变迁趋势等，进而有效地实施教育活动，使受教育者逐渐成长为社会所需要的人才。

其次是教育与社会的相融性，这是在开放性的基础上对教育的进一步深化。相融包括形态与内涵两个方面。形态相融就是指学校组织结构要与社会组织结构相适应，学校是实施教育的载体形态，学校的组织结构必须服从社会组织的大结构，由此才能够在社会大系统的运行规则下有效运转。内涵相融则指的是教育的方向要与社会的发展趋势相统一，教育的内容要与社会的需求相一致，教育的方法要与社会的生产相协调。

在此需要注意三个方面的问题：首先，教育研究的主题是社会的，而非自然的；其次，教育研究的方式是可感知的，而非思辨的；最后，教育研究的问题是科学的（要回答是什么和为什么），而非判断的（即是否正确）。

综上所述，正确理解与把握本科人才培养的教育意义是对每一位教育工作者的基本要求，有助于其深入了解高等教育改革的基础与方向。

第二章

本科人才培养教育的"教-学"

教学是本科人才培养的抓手与基本路径,是教师的第一职业要务。教师要在教学过程中,对"教-学"关系进行长期不懈的研究与改革,寻求其中的规律,并在人才培养过程中不断实践与创新。

第一节　本科人才培养教育的"教-学"关系

"教-学"关系是本科人才培养教育的基本矛盾关系，贯穿在本科四年教育的全过程中。正确认识与理解"教-学"的关系，是有效实施人才培养教育的关键。

一、"教-学"关系的教育意义

（一）"教-学"关系的逻辑表达

"教-学"关系是由教育者（教师）与受教育者（学生）组成的，在这一关系中，教育者、受教育者都是教育过程的主体，但两个主体所承担的任务是不同的，有时甚至是矛盾的。因此，如何调节"教-学"的关系以使其更加和谐就变得至关重要。

从人才培养的教育角度出发，一方面，"教-学"关系的和谐是良好教育的前提与基础，需要教育者、受教育者双方的协同努力；另一方面，"教-学"关系的矛盾与冲突又是教育提升的助推器，如果在教育过程中没有"教-学"关系的矛盾与冲突，教育就成了一潭死水。因此，"教-学"的矛盾关系在一定意义上对本科人才教育具有重要的指导意义。"教-学"的逻辑关系可以用图2-1表示。

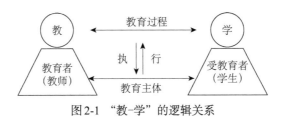

图2-1　"教-学"的逻辑关系

由图2-1可见,"教-学"的关系由三个子关系构成:首先是教育主体子关系,它是由两个客观主体(教育者与受教育者)组成的;其次是教育过程子关系,它是由教的活动与学的活动组成的;最后是执行子关系,它是第一子关系与第二子关系的桥梁。这三个子关系既相对独立,又相互关联,共同形成人才培养的教育活动。

(二)"教-学"关系的价值取向

《学记》所提倡的"教-学"之和谐(即教师与学生之间的和谐、教师的教与学生的学之间的和谐),对"教-学"关系的价值取向仍有较大的参考意义,也就是说,"教-学"价值取向上的和谐是人才培养的根本。

如何理解"教-学"关系的价值取向?价值是主体以自身的需求为衡量标准对客体意义的认识,体现了主体与客体之间的一种关系。客体的属性是价值的基础与载体,而主体的需求又使得客体的价值得以体现,由此便产生了教学的价值观。教学的价值观在人才培养的教育过程中主要体现为教育者对教的价值的认识与追求,以及受教育者对学的价值的认识与追求,这种对教的价值和学的价值的认识与追求就是"教-学"关系的价值取向,如果两者达到了统一与和谐,这时的教育就是和谐的、有效的,此时的人才培养教育系统可以实现高效运行,教与学的效果达到了最理想的状态。

二、"教-学"关系的常见范式

"教-学"关系是一种较为复杂的关系,没有统一、固定的范式可遵循,根据"教-学"关系的价值取向及教学实践,参照张荣伟的《论"教"与"学"的五种关系范型》一文,现将"教-学"的常见关系范式总结如下。[①]

---

① 张荣伟.2012.论"教"与"学"的五种关系范型.教育发展研究,(10):50-56.

（一）少教多学的"教-学"关系范式

少教多学的"教-学"关系范式是21世纪在批判多教少学的基础上形成的。本科人才培养教育的四年时间是固定的，在传统的多教少学的"教-学"关系中，教师教的时间长了，学生学的时间势必会减少，这也就是传统知识传授的"填鸭式"的"教-学"关系。为了在教育过程中充分体现学生的主体地位，同时发挥教师的主导作用，少教多学的"教-学"关系应运而生。随着网络与信息技术的发展，少教多学的"教-学"关系被越来越多的人所接受，实施该范式时要考虑四个方面的问题。

首先是利用各种教育资源载体，如各种在线课程、虚拟现实教学、数字图书、数字工厂等，构建丰富而恰当的知识图谱与知识内容体系，为少教多学提供教学保障。

其次是教师要把课堂转化为学堂，加强对学生学习方法的指导，注意培养学生既爱学习又会学习的品质，让学生在"教-学"的过程中学会学习。

再次就是搭建有效的教学体系，教师要精心设计"少教"，使自己在教学过程中充分承担起组织者、引导者的责任，对教学不要事事求全，要讲在关键处，要讲深讲透，要能够启迪学生的思维，帮助学生理解知识的来龙去脉，达到最佳的教学效果。学生的"多学"是指学生在教学过程中要经过不断努力，对于自己能明白、能理解的知识可通过自学掌握，而对于自己难以理解的关键知识点需要在上课过程中加以重点关注，充分发挥自己的主动性。

最后要关注的是，"少教"追求的是教的效率，注重的是教的质量而非数量。因此，针对"少讲"的教学内容，教师应运用多种有效的教学措施激发学生的学习兴趣，培养学生的学习能力与素养。

（二）先学后教的"教-学"关系范式

教学不仅是指人才教育活动，实际上也代表了传统教育的活动秩序，因此就有了先教后学与先学后教两种"教-学"关系。

　　传统的先教后学的"教-学"关系是一种"师教-学受"式的教学关系，在这一关系中，教师处于主导地位，学生则处于被动的学习地位，对教师处处依赖，这显然不利于学生的成长，因此，充分发挥学生学习的主动性成为人才培养教学的关键。

　　先学后教的"教-学"关系实质上是一种"指导-自主"式的教学关系。在这种教学关系中，学生处于主动地位，学生先是通过自学发现问题、提出问题，然后带着对问题的思考去获取教师的"教"。教师则根据学生的问题，有的放矢地"教"，充分发挥教师的引导作用。这就使得"教-学"关系变得更加和谐，使教学质量得以不断提升。

　　在先学后教的"教-学"关系中，由于先"学"的压力，学生与教师都面临着极大的挑战。对于学生，在教师没有讲授之前，其需要根据旧的知识学习新的内容，通过寻找各种学习方法、查阅相关参考资料等，分析、总结并提出学习问题。这样的先学过程使学生感受到了"学"的压力，刺激了学生的学习心理与行为，锤炼了学生的意志。对于教师，"教"再也不能随心所欲，不能照搬教材，因为学生先"学"产生的学习问题需要通过教师的"教"来解决。教师为了"教"好，就必须融入学生的先"学"之中，及时掌握学生的学习问题，针对这些问题进行教学设计、教学实施与教学检验。这样的压力会促使教师不断学习、不断研究，不断提升自身的教学能力。

（三）以学定教的"教-学"关系范式

　　以学定教的"教-学"关系的本质就是从"以学生为中心"出发，将传统的"以教为中心"的教学活动向"以学为中心"的教学活动转移，开展以学生需求为导向的有效教学。也就是说，教师的"教"必须满足学生的需求，指向学生的"学"，最终落脚到学生的"学"，促进学生学会"学"。

　　以学定教的"教-学"关系凸显了对于学生"学"的关注，并由此产生了由"教"向"学"的重心转移。这反映了"以学定教"教学活动的逻辑秩序，为"教-学"关系的和谐奠定了基础。

以学定教的"教-学"关系是将"学"视为教学的主体与目的，而"教"是为激发学生的学习潜能、促进和完善学生的学习过程而进行的辅助性、支持性、配合性的教学活动。因此从支配与被支配的关系出发，教师的"教"要围绕学生的"学"，一切教学目标的设计、教学策略与教学内容的选择、教学方法与手段的运用、教学实施与评价等，都是为了学生的"学"。

联合国教科文组织国际教育发展委员会编著的《学会生存——教育世界的今天和明天》一书指出，"我们应使学习者成为教育活动的中心，随着他的成熟程度允许他有越来越大的自由；由他自己决定要学习什么，他要如何学习以及在什么地方学习及受训。这应成为一条原则"[①]。这就为以学定教的"教-学"关系指明了方向，也就是最大限度地给予学生学习自由，将"教"建立在"学"的基础之上，教师通过对学生的身心发展及成长规律、学习情况的把握，使得教师的"教"和学生的"学"有机地结合在一起，实现"教-学"关系的和谐与共鸣，达到教学的最大效益。

（四）教学合一的"教-学"关系范式

"教学合一"的概念最早是由我国著名教育家陶行知先生提出的，他针对当时学校教育"重教太过""教学分离"现象，在《教学合一》一文中批评道："学校里的学生除了受教之外，也没有别的功课。先生只管教，学生只管受教，好象是学的事体，都被教的事体打消掉了。论起名字来，居然是学校；讲起实在来，却又像教校。这都是因为重教太过，所以不知不觉的就将他和学分离了。然而教学两者，实在是不能分离的，实在是应当合一的。"[②]

陶行知先生对教学的主张是，事怎样做就怎样学，怎样学就怎样教。教的法子要根据学的法子，学的法子要根据做的法子。这就为教学合一的"教-学"关系的建立确立了方法与路径，这里突出了一个"做"，提出"教"与"学"要围绕"做"。

① 联合国教科文组织国际教育发展委员会.1996.学会生存——教育世界的今天和明天.北京：教育科学出版社.

② 陶行知.1991.陶行知全集（第一卷）.成都：四川教育出版社.

陶行知先生对教学的主张与现在的专业工程教育认证培养学生"解决复杂安全工程问题能力"的理念是一致的，"做"就是解决复杂安全工程问题能力的外在表现。

要正确理解教学合一的"教-学"关系，首先，在"做"上"教"的是教师，在"做"上"学"的是学生，形成以"做"为纽带的"教师-学生"的合一。其次，从教师对学生的关系角度，"做"便是"教"，形成以"做"为纽带的"教师的教-学生的学"合一。最后，从学生对教师的关系角度，"做"便是"学"，形成以"做"为纽带的"理论学习-实践训练"合一。

在教学实践中，教师与学生之间不是一种简单的给予、接受关系，更不是一种简单的操纵、控制关系，而是一种民主、平等、协作、互助的伙伴关系。教学合一的"教-学"关系就是一种积极的表现形式，能够充分体现教师的主导作用和学生的主体作用，对于充分发挥教师与学生在教学过程中的能动性、促进教学的有效融合与提升教育质量具有积极的作用。

（五）教学相长的"教-学"关系范式

教学相长的"教-学"关系是我国教育界广为人知的教学经典，其核心是，"学"之后才知道自己的知识不够，"教"之后才知道自己的知识不通达。知道不够才会自我反省，努力向学；知道不通达，才会自我勉励，发愤图强。

教学相长的"教-学"关系，一方面揭示了教师自身"教"和"学"之间的协同关系，强调了"一面教一面学"对教师自身成长的重要性，因此教学相长是一种对教师专业发展具有深刻启示意义的教学观；另一方面强调了教师和学生之间、教师的"教"和学生的"学"之间相互影响、相互促进的关系，不仅看重教师自身的成长，更看重师生共同成长，进而形成了"教师-学生"双主体关系。

在应用教学相长的"教-学"关系时，要充分理解其中"长"的意义所在，这是对教师的要求与希望，不仅要关注教师知识、学问的增长，更要看重教师拥有怎样的教育理想、教育激情、教育智慧和教育良知，同时还要考察是否拥有良好的师生关系。

此外，随着现代教育的发展，教学不再是教师一个人的单打独斗，更加注重团队学习和专业发展共同体。没有一个教师可以包揽所有的教学科目，只有教师间的积极合作、教师与学生的合作、教师与社会的合作，互帮互学、相互启发，才能促进个人专业水平的不断提升，才能保证人才培养教育目标的实现。

第二节　本科人才培养教育的"教"

上一节已经讲述了本科人才培养教育的"教-学"关系，本节将从教师的角度谈谈如何看待"教"、如何"教"的问题。

一、对"教"的认识与理解

教学是人才培养教育的教和学的双边活动，从辩证统一的哲学视野来看，"教"与"学"是可以各自单独存在的，并由教师、学生在一定的教学环境中相对独立地完成，但两者又是高度统一的共同体，在教学这一活动中相互支撑、相互作用，即"学"是"教"主导下的"学"，"教"是为"学"服务的，两者协同完成教学任务，实现教学目标。

因此，作为"教"的实施者，教师要从"教-学"的关系出发，应用教育哲学的思维来认识、理解教学中的"教"，为人才培养教育提供最佳的"教"。对"教"的理解可以从如下几个方面思考。

（一）"教"与"学"是矛盾统一的教育活动

教师不能孤立地看待"教"，要正确看待没有"学"也就无所谓的"教"背后所蕴含的辩证哲理。教师的"教"需要有明确的对象（学生），没有对象的"教"是不存在的，教师的"教"与学生的"学"共同构成统一的教学活动，两者都是教学活动中不可或缺的重要组成部分，教学永远是教师的"教"和学生的"学"的统一体，"教"的依存是"学"，是为"学"服务的，"教"与"学"不可分离而存在。

（二）"教"与"学"是交互共生的教育活动

教学活动的有效进行需要"教"与"学"的交互共生，即不能重教轻学，使得以教师为中心，而不顾学生成长、成才、成人需要的"填鸭"式、"烤鸭"式的"教"大行其道；也不能重学轻教，使得教师谨小慎微，无目地满足学生所谓的"学"。处于本科教育阶段的学生在心智、价值观、兴趣爱好等方面都还未完全成熟，需要教师"教"的引导。

由此可见，"教"与"学"在教育活动中不仅要相互作用、相互制约、相互转换，更要深度交互、共生共长。深度交互，就是指教师与学生之间在认知、情感、思维、心理、兴趣、爱好等方面的自然交流与情感碰撞，在"教"与"学"的深度交互中，同时提升"教"与"学"的质量，共同成长，实现教融于学、学融于教、寓教于学，教促进学、学促进教，达到"教"与"学"的共生共长。

（三）"教"与"学"是相反相成的教育活动

"教"与"学"是构成教育活动的两种基本活动，"教"是教师传道、授业、解惑的行为，"学"是学生探寻、获取、领悟的行为。"教"与"学"这两种行为相互交融，构成了教学活动。"教"与"学"各自存在于教师与学生之中，但二者又互相包含、互相作用、互相依存，这在哲学范畴被称为"对成"关系，也称"相反相成"关系。在现实生活中，如买与卖、大与小、上与下、归纳与推理、作用力与反作用力等都是"相反相成"关系的例子。

"教"与"学"的关系启示我们要以动态变化的思维去看待"教"与"学"，"教"与"学"分别是"教学"这一活动中的两个子活动。"教"是伴随教学活动的开展而呈现的，并随着教学活动的变化而变化。

因此，教师要以变化的思维对待"教"，这一变化包括学生需求的变化、学习过程的变化、教学资源的变化、教学环境的变化等，在教学的变化过程中把握"教"。

二、"教"的相关原理与原则

"教"是一门技术，也是一门科学与艺术。"教"需要遵循相关的原理与原则，教师掌握"教"的相关原理与原则是有效"教"的前提，下面就这些观点开展一些讨论。

（一）"教"的过程原理

本科人才培养教育一般是在四年的"过程"中完成，强调"过程"的意义也就意味着人才培养教育是一个动态变化的时间序列。在这样的过程中，"教"必须按照人在成长时间序列过程中的规律进行教学，这就是"教"的过程原理。

对于教学过程的认识一直是教育界关注的一个基本问题，教学规律、教学原则、教学内容、教学模式与教学方法等均与教学过程有着千丝万缕的联系。许多教育家从各自的观点及立场出发，对教学过程提出了不同的看法。

2013年3月1日，习近平总书记在中央党校建校80周年庆祝大会暨2013年春季学期开学典礼上的讲话中指出："兴趣是激励学习的最好老师。'知之者不如好之者，好之者不如乐之者。'讲的就是这个道理。领导干部应该把学习作为一种追求、一种爱好、一种健康的生活方式，做到好学乐学。有了学习的浓厚兴趣，就可以变'要我学'为'我要学'，变'学一阵'为'学一生'。学习和思考、学习和实践是相辅相成的，正所谓'学而不思则罔，思而不学则殆。'你脑子里装着问题了，想解决问题了，想把问题解决好了，就会去学习，就会自觉去学习。要'博学之，审问之，慎思之，明辨之，笃行之'。"[①]因此，不管是学习书本知识，还是学习某种

---

① 习近平.（2013-03-01）[2023-06-16].习近平在中央党校建校80周年庆祝大会暨2013年春季学期开学典礼上的讲话.https://www.ccps.gov.cn/xxsxk/xjpskjl/201908/t20190828_133848_2.shtml.

技能，都得经过反复训练与实践才能完成，最终要将所学落实到行为上，做到"知行合一"。根据"知行合一"的教学要求，教学过程的逻辑结构如图2-2所示。

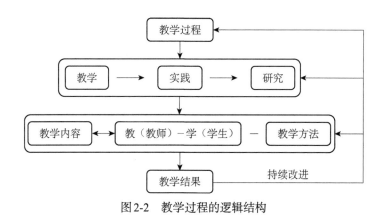

图2-2　教学过程的逻辑结构

教学过程由教学、实践、研究三个环节构成，教学是中心，旨在建立人的理念世界，其效果的好坏直接关系到后面的两个环节（实践、研究）。这里的实践是教学理念的延伸，包括各类实习、实训，以及社会调查、社会服务等。研究是在教学与实践基础上进行的更深入的拓展，包括学年论文、毕业论文、毕业设计、创新创业研究、参与教师的项目研究等。

教学过程的实际形态是千差万别、纷繁复杂的，但最终都是要通过教师的"教"和学生的"学"这一双边活动过程来实现。教学过程的具体实施是围绕一定的教学目标（内容）开展的，通过选择恰当的教学手段（方法）实现教学过程的有效进行，所以教学过程是由教学内容、教（教师）－学（学生）、教学方法为基本要素构成的有机动态系统，缺少任何一个要素都不能构成教学活动，并最终输出教学结果。

（二）"教"的认识与探索原则

《学记》记载："君子既知教之所由兴，又知教之所由废，然后可以为人师也。故君子之教，喻也。道而弗牵，强而弗抑，开而弗达。"这句话的意思是，君子不但懂得教学成功的经验，又懂得教学失败的原因，就可以当好教师了。所以说教师对人施教，就是启发开导，对学生开导而不牵拉，劝勉而不压制，指导学习的门径，而不把答案直接告诉学生。这就说明了教学之道，指出了教学是有规律可循的。

作为教师，要清楚地认识到教学的变化性、复杂性与社会性，我们今天所掌握的教学规律，明天可能就失效了，新的教学规律可能又会产生。因此教学规律不是有限的，而是无限的，教师要在"教"的过程中不断地探索、研究与总结，在纷繁复杂的教学规律中探索基本的、主要的教学规律，促进"教"的有效进行，同时在探索中发现问题，认识新的教学规律，不断创新教学实践。这就是"教"的认识与探索原则。

（三）"教"的教育性原则

德国哲学家、心理学家与教育家约翰·弗里德里希·赫尔巴特（Johann Friedrich Herbart）指出，"教学如果没有进行道德教育，只是一种没有目的的手段；道德教育（或者品德教育）如果没有教学，就是一种失去手段的目的"，他强调，"我不承认有任何无教育的教学"。与赫尔巴特同时期的德国教育家阿道尔夫·第斯多惠（Adolf Diesterweg）也明确指出，"任何真正的教学莫不具有道德的力量"。[1]这些认识与见解揭示了教学具有教育性的客观规律。

课程是教育的载体，是"教"的基本抓手，要从课程体系的设置出发，开展积极有效的课程建设，解决好各类课程和思政课之间的相互配合问题，充分发挥教师的主观能动性，结合课程教学挖掘课程思政元素，利用融入式、嵌入式、渗入式等教学方法，让课程思政"润物无声"，将"教"的教育性融入人才培养的全过程中。"教"的教育性要具体落实在三个方面。

首先是学习的目的性教育，这是"教"的教育性的根本问题。教师在教学过程中要引导学生树立正确的学习目的，这是"教"的前提与根本。学习的目的性教育要从构建德智体美劳全面培养的教育体系出发，把立德树人融入思想道德教育、文化知识教育、社会实践教育各环节，贯穿基础教育、职业教育、高等教育各领域，学科体系、教学体系、教材体系、管理体系要围绕这个目标来设计，教师要围绕这个目标来教，学生要围绕这个目标来学。

---

① 转引自：钱伯毅.1991.大学教学论.合肥：中国科学技术大学出版社.

其次是教学内容的科学性与思想性的统一，这是"教"的教育性的核心问题。教师在教学过程中要正确解释、说明客观世界，能够把科学知识"教"清晰，就必须要用辩证唯物主义的世界观和科学方法进行分析与教学。专业课程中蕴含着丰富的思政元素，一方面，专业知识本身蕴含着明显的价值倾向、家国情怀等元素；另一方面，教师可以通过对课程内容的深度挖掘，在已有思政元素的基础上实现进一步的拓展和开发，实现教学内容的科学性和思想性的协调与统一。值得注意的是，课程思政不是简单的"课程"加"思政"，"思政"与"课程"的关系应当是"如春在花、如盐化水"。

最后是"教"中的以身作则、言传身教，这是"教"的教育性的关键问题。《论语·子路》说道："其身正，不令而行；其身不正，虽令不从。"这充分说明了教师以身作则、言传身教在"教"中的意义与作用。

2019年3月18日，习近平主持召开学校思想政治理论课教师座谈会，会上对教师提出了殷切希望，"办好思想政治理论课关键在教师，关键在发挥教师的积极性、主动性、创造性。思政课教师，要给学生心灵埋下真善美的种子，引导学生扣好人生第一粒扣子"[1]。这为新时代的教育工作者指明了"教"的方向。

时代在发展，社会在进步，"教"的教育性内涵与性质也在不断扩展，但无论千变万变，"教"的教育性规律永远不变，始终体现在永无止境的人才培养教学之中。

（四）"教"的自动、遵循自然与遵循文化的原则

自动、遵循自然与遵循文化的原则是由德国教育家阿道尔夫·第斯多惠提出的。他认为，人的本身特质，就是人的自动。一切人的、自由的、独创的东西，都是从这个自动性出发的。[2]教育的任务主要是发现自动，而自动的目的就是发现真善美的思想，这也是人生的终极目的。自动的认识以"真"为目的，自动的感觉以

---

① 习近平.（2019-03-18）[2023-04-10].习近平主持召开学校思想政治理论课教师座谈会.http://www.gov.cn/xinwen/2019-03/18/content_5374831.htm.

② 第斯多惠.2001.德国教师教育指南.袁一安译.北京：人民教育出版社.

"美"为目的，自动的意志以"善"为目的。

遵循自然的原则就是指教育要遵循人的自然成长与发展过程，不同阶段的教育要与学生的年龄特征和个性特点相适应。教师在"教"时，要认真研究学生的注意、记忆和思维特点，要关注学生的学习心理，不断总结教育经验，选择与学生自然成长特征相适应的教育方法。

遵循文化的原则就是指在教育过程中要关注学生的文化背景。阿道尔夫·第斯多惠认为，在教育中必须注意一个人所出生或将来所生活的地点和时间等条件，要注意就广义和包罗万象的意义来说的全部现代文化，特别是学习祖国的文化。他把人才培养的教育提高到与人类现代文化相融合的高度，认为教育应该适应变化着的社会发展与需求。①

自动、遵循自然与遵循文化的原则要求教师的"教"要从感性认识出发，并从这些感性认识过渡到概念，即由个别的过渡到一般的，由具体的过渡到抽象的。教学要由实例到规则，要由近及远、由简到繁、由易到难、由已知到未知。"教"要摒弃知识传授的方式，实施启发式教学，以激发学生的智力，使他们能够在教学中主动探求、思考、判断与发现。

成功的"教"永远具有教育的性质，不仅能发展学生的智力，而且能塑造他们的人格、意志和情感，使他们的智力和道德方面都变得更加完善。

三、教学方法概述

（一）教学方法的含义

教学方法就是为完成教学目的与任务所采用的教学方式（程序）或路径。教学是教师"教"与学生"学"的双边活动过程，因此，"教"的方法既包括教师"教"的方法，也包括教师指导学生"学"的方法，是人才培养过程中直接联系师生的桥梁，其逻辑关系如图2-3所示。

---

① 第斯多惠.2001.德国教师教育指南.袁一安译.北京：人民教育出版社.

图2-3　教学方法的逻辑关系

教学的效果不仅取决于教师的"教"，同时也取决于学生的"学"，只有两者实现和谐统一，才能产生良好的教学效果。

教学方法不仅为个体学习与掌握人类已有的知识成果提供了有效路径，同时也为个体研究与探索未知世界提供了思维和方法。因此教学方法的问题是一个科学问题，是关系到如何培养人、培养什么样的人的大问题。毛泽东在《关心群众生活，注意工作方法》一文中指出，"我们不但要提出任务，而且要解决完成任务的方法问题。我们的任务是过河，但是没有桥或没有船就不能过。不解决桥或船的问题，过河就是一句空话。不解决方法问题，任务也只是瞎说一顿"[1]。这充分说明了教学方法在人才培养中的意义。

（二）教学方法的多样性与选择

教学过程一个动态变化的过程，充满着各种矛盾关系，如"师-生"的矛盾关系、"教-学"的矛盾关系等，同时教学过程中还存在着各种差异，如教师之间的差异、学生之间的差异、教学内容的差异、课程性质的差异、教学设备的差异、教学环境的差异等。这些矛盾与差异就构成了教学过程的多样性，因此解决教学问题的方法必然也呈现出多样性。

互联网、信息技术的发展进一步促进了教学方法的现代化。我们必须用动态、变化、多样性的思维对待教学，绝对没有所谓的"万能钥匙"，不要奢望能够用一种教学方法去解决教学过程中的所有矛盾及问题，要在教学过程中不断改革与创新教学方法，以适应教学矛盾与差异的变化，实现教学的和谐发展。

---

[1]　毛泽东.1991.毛泽东选集第一卷（2版）.北京：人民出版社.

教学方法的多样性带来的另外一个问题就是在教学实践中，如何选择和应用教学方法。在教学领域有句名言，即"教无定法"，这充分说明了教学方法的多样性与应用的灵活性，同时，"教无定法"更加强调教师应根据教学的实际场景，遵循教学规律、教学原理及学生的认识状态，进行教学方法的选择与应用。

由于教学过程的多样性、复杂性，教学方法的选择与应用也就变得较为复杂，没有一成不变的可以套用的教学方法选择模式。教学方法的选择与应用的目的就是提高教学效果，因此在选择与应用教学方法时，首先要从教学需要解决的矛盾关系及问题出发，其次要适时量度（评价）、灵活运用，最后要联合使用多种教学方法，取长补短。此外，还要考虑如下具体问题。

1. 与课程性质的适应性

高等教育课程的性质多种多样，如工科性质的课程、理科性质的课程、文科性质的课程，实验性质的课程、社会调查性质的课程等。对于不同性质的课程，其教学方法必然不同，教师所选择的教学方法要能够与课程性质相适应。

2. 与教学内容的匹配性

教学方法必须服务于教学内容，要便于教学内容的教授，例如，对于论述性教学内容与验证性教学内容，其教学方法就有本质区别，教师所选择的教学方法要能够与教学内容相匹配。

3. 与教学对象的相关性

学生是教学的对象，是学习的主体，教师所选择的教学方法要与教学对象相关。例如，对于某一个具体的学生，在大学四年中的每一个年级时，他的认识水平、知识基础、思维发展、学习经验、心理素质等都是不同的，因此，教师的教学方法也要随之变化，不断创新，由此才能取得良好的教学效果。

4. 与教学环境（条件）的适应性

教学是在一定的教学环境（条件）下进行的，这些环境（条件）又反作用教学，因此教师所选择的教学方法必须要主动适应教学环境（条件），要思考如何在一定的教学环境（条件）下使自己所选择的教学方法达到最佳的教学效果。

（三）教学方法的分类与研究

教学方法的分类与研究是教师正确掌握、灵活应用教学方法的基本前提，教师通过对教学方法进行分类，了解教学方法的整体属性，在研究教学方法的过程中感悟、创新教学方法。

1. 教学方法的分类

教学方法体系是一个博大而深远的开放系统。由于分类角度的不同，教学方法的分类就有所不同。不同的教学方法既有自身的特色，相互之间又有千丝万缕的关系。下面我们从"教"的教学方法与引导"学"的教学方法两个方面进行说明，其分类体系如图2-4所示。

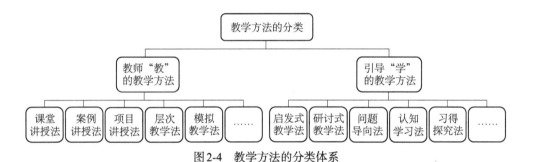

图2-4 教学方法的分类体系

由图2-4可见，从教师"教"的角度出发，教学方法有课堂讲授法、案例讲授法、项目讲授法、层次教学法、模拟教学法等；从引导"学"的角度出发，教学方法有启发式教学法、研讨式教学法、问题导向法、认知学习法、习得探究法等。在教学过程中，这两类教学方法往往交叉互融，并随教学过程的变化而变化。

2. 教学方法的研究

教学方法研究的目的就是如何更有效地应用教学方法，以提升人才教育的质量。哈佛大学前校长德雷克·博克（Derek Bok）认为，教学内容固然重要，但对于大学生影响更深远的是教学方法。他在《回归大学之道——对美国大学本科教育的反思与展望》一书中指出，不管今天的授课内容有多么重要，教师也不能假设学生只要来到了课堂，就一定会记住大部分的教学内容。学习结束后学生能记住多少知识、能形成怎样的思维习惯，并不取决于他们选修了哪些课程，而取决于这些课程是如何讲授的、讲授的质量如何。[①]由此可见，教学方法在教育中具有重要的作用与意义。随着现代教育的发展，关于教学方法的研究也在不断深入与拓展，教学方法从传统的以教为主逐渐转向以学为主，从以知识传授为主要目标逐渐转向以培养学生能力为主要目标，同时教学方法的研究也为人才培养教育提供了更加宽广的路径。

首先，通过教学方法的研究，揭示教学方法的内在本质与规律，从根本上提升教学方法的科学性和实效性，是我国高等教育中的重要一环。但是教学方法的研究与改革并非一朝一夕之事，我国高等教育中还有许多问题有待解决。比如，部分高校教学存在教学方法过于死板的弊端，表现为教师所采用的教学方法几乎只有讲授法、教学方法有效性弱、学生对教学方法的满意度低等。

其次，通过教学方法的研究，探讨教学方法对"教"与"学"的影响，提升教学的有效性与学习的适应性。教师要在教学方法的实践应用过程中去思考、研究与提升教学方法的应用技巧，最大限度地利用、创新教学方法。

最后，通过教学方法的研究，确立"怎么教"的教学方法体系，解决使用什么教学方法、如何使用教学方法、教学方法的评价等问题，使得教学方法与高等教育的人才培养协同发展。

教学方法的研究是一项基础且具有前瞻性的研究，要坚持历史与逻辑的统一性原则，遵循教育规律，注重教学实践，正确把握教学方法研究的价值导向。

姚利民、段文彧在《高校教学方法改革探讨》一文中对高校教学方法的研究与改革中存在的问题进行了剖析，如学校、教师、学生、社会、家庭等对教育的影响，这些问题具有一定的普遍性，只有高度重视这些问题，认真思考并解决这些问题，才能有效地促进教学方法的改革与创新。[②]

综上所述，在教学方法的改革与创新过程中，我们需要认真思考有关学校、教师与学生的一些问题，共同探讨这些问题的解决方法与路径，从而让教学更加有效。

---

① 德雷克·博克.2008.回归大学之道——对美国大学本科教育的反思与展望.侯定凯，梁爽，陈琼琼译.上海：华东师范大学出版社.

② 姚利民，段文彧.2013.高校教学方法改革探讨.中国大学教学，（8）：60-64.

第三节 本科人才培养教育的"学"

"学"是本科人才培养的重要方面，一方面，"学"应该是学生自身的事情，学生必须自己学习，任何人都取代不了；另一方面，从人才培养的教学来说，作为教师，应该如何看待"学"？如何引导"学"？这是本节讨论的关键。

一、对"学"的认识与理解

（一）从教师的角度看待"学"

从教师的角度来说，教师在教学的过程中似乎只是在"教"，好像"学"是学生的事。约翰·D. 布兰思福特（John D. Bransford）等在《人是如何学习的——大脑、心理、经验及学校（扩展版）》一书中指出，人们对有效学习的观念已经发生了根本性的变化，教学研究的重点已从如何教转向如何学，从结果转向过程，从机械操练转向知识的理解和应用。学生不再被看成是接受知识的容器，而是知识的构建者和生成者。[①]这段论述充分说明了教学的本质所在，教学的目的是构建更好的"学"，也就是实现有效学习。

如何启动有效"学"、引导有效"学"，这是教师需要在教学过程中解决的关键问题，要能够从"学"的本质出发，从以下两个方面进行思考与探索。

首先，教师要在"教"的过程中不断深化自我学习，也就是说，教师要不断学习、丰富教学内容，对教学内容进行深入理解与剖析，形成教学的知识点，便于学

---

① 约翰·D. 布兰思福特，安·L. 布朗，罗德尼·R. 科金等.2013.人是如何学习的——大脑、心理、经验及学校（扩展版）.程可拉，孙亚玲，王旭卿译.上海：华东师范大学出版社.

生在"学"的过程中抓住纲领，达到纲举目张的效用。

其次，教师要不断学习引导"学"的理论与技能。要有效地引导"学"，教师必须要了解和学习相关的理论、规律与学生的实际心理状态，这就要求教师不仅要精通其所教的专业知识，还要学习与教育、人的心理相关的理论等，能够正确应用心理认知规律、教学方法等与学生建立互信、有效的沟通关系，进而能够了解学生的学习心理，达到引导学生进行有效学习的目的。

因此，教学过程中的"学"也是教师必须完成的任务，教师只有通过不断学习，才能更好地促进学生的"学"。

（二）从学生的角度看待"学"

学生应该把"学"当成自己的事，是任何人都取代不了的事，要能够主动地思考"学"、实践"学"、学会"学"，"学"是建立在人的认知基础之上。

首先，要了解认知的基本过程。人的认知过程一般有三个环节，如图2-5所示。

图2-5　人的认知过程

人的认知启动于感知，也就是人通过自身的感官（如眼睛、耳朵、鼻子、皮肤等）感受到外界的刺激，之后人的大脑会根据以往的记忆、经验、想象、思维等对这个刺激产生一种反应，就是感知。这里的"刺激"是一个广义的概念，代表来自外界的任何信息，如声音、光、色彩、气味、文字等。这些刺激也不全都会引起人的大脑反应。如果大脑对某个刺激没有产生反应，个体就没有产生感知；如果大脑产生了反应，个体就有了感知。接下来就进入体验环节，人的大脑从感知到的外部信息出发，根据自己的情绪、情感对感知到的外界刺激进行自我体验。这种体验具有极大的主观性，与人的心理特征（如性格、气质、能力等）密切相关。这种体验会使个体产生各种各样的心态与情绪，在这种心态与情绪的驱动下，个体就产生了认知的第三个环节——"意志"。"意志"就是个体根据自己的兴趣、爱好、信仰、理念等，而对感知、体验到的外界刺激产生某一种态度或行为等。

图2-5显示，人的认知过程中的三个环节既相对独立，又相互关联，人的认知过程为如何有效学习提供了理论指导。

其次，根据人的认知过程理论，把握有效学习的规律。"学"的过程也就是人的认知过程。有效的学习建立在有效的认知基础之上，也就是对"学"的知识要能够有效感知、深刻体验，要有强烈的意志，由此才能真正学会、掌握与应用知识。

要做到这些，个体需要探索适合自己"学"的方法与路径。例如，在感知环节，个体在课堂上会接触到许多外界刺激，如听到老师讲课的声音、看到老师讲课的肢体语言（动作）、看到教材上的文字、听（看）到多媒体画面等。从心理学的角度而言，人对这些信息刺激并不是无条件地全部接受的（实际上这是不可能的），这里就有一个选择刺激的问题。每一个人的选择是不一样的，这与个体自身的学习目的、兴趣、爱好、心理特征、学习时的情景（如学习环境、师生关系、同学关系、个人状态等）等密切相关。在体验环节，个体在感知到老师的讲课声音、视频画面等刺激时，认知过程的体验环节就启动了，进而对刚刚感知到的刺激产生相应的心理体验，即产生情绪、情感上的变化，如喜怒哀乐等。在意志环节，就是在上述两个环节的基础上，个体是否有意志上的行为表现，如全神贯注地听课，或者对老师的讲课不感兴趣而在做自己的事（如玩手机等）。

上述三个环节既相对独立又相互关联，是一个有机的认知过程。因此，从学生看待"学"的角度来说，学生必须要认知（了解）自我、修养自我、调节（控制）自我，达到适应学习、学会学习。

二、"学"的影响因素概述

"学"是一项复杂的系统活动过程，其影响因素复杂多变，从学习者自身来说，了解并把控这些因素是"学"好的基础。"学"的影响因素有很多，这里主要就理解与记忆、学习时间、学习动机这三个因素做简要分析。

（一）理解与记忆

研究表明，对于相同的教学刺激，由于个体差异的存在，个体对"学"的感知迥然不同。[①]在"学"的过程中，一个学习刺激出现后，学习者可能有多种反应，例如，对刺激没有反应，或者是机械、被动地接受刺激，当然最理想的是选择性、理解性地接受刺激，这对"学"是至关重要的。如果对刺激没有反应，就谈不上继续"学"；如果机械、被动地接受，只是死记硬背的"学"，随着时间的推移，个体可能不会应用所学知识，进而逐渐忘记知识；只有选择性、理解性地接受刺激，才能实现最有效的"学"。

理解与记忆是影响"学"的重要因素，两者也是相互关联的一对关系。个体能够理解的知识就能够在其脑海中留下痕迹并得到有效记忆，使得知识学习从传统的复述与记忆转变为理解、发现与使用。学习不是机械地将知识堆砌在一起，而是通过对新知识的理解与对以往知识的学习和记忆，寻求知识之间的联系。只有掌握了这种联系，个体才能把在一种情景中学到的知识迁移到新的情景中并构建新的知识，同时能够在实践中应用这些知识解决遇到的各种问题。

（二）学习时间

学习是需要时间的，这就是为什么本科人才培养的学习时间一般是四年。学习时间要与学习者的生理与心理成长周期相适应，要能够满足学习任务对时间的需求，例如，学校通常规定一节课的时间是45分钟，课间休息时间是10分钟。

从多方位正确理解、把握学习时间，对于个体的有效学习具有重要指导意义。

首先，学习是循序渐进的过程。其本质就是有效分配与利用学习时间，以完成学习任务，例如，在本科培养方案的制定过程中，要考虑每门课程的学时（也就是学习时间），以确定将其具体安排在哪一学期上课等。再如，在学习一门课程时，哪些内容需要花费较多的学习时间，哪些内容需要花费较少的学习时间等。学习时间分配与利用的科学性、合理性，以及其与学习者的适应性等，都将影响有效学习。

---

① 　邵辉，赵庆贤，葛秀坤. 2017. 安全心理与行为管理（第二版）. 北京：化学工业出版社.

其次，专业知识的发展与学习时间的投入密切相关。专业知识的学习、积累与个体花费的学习时间成正比。如果一个人依赖天赋而不愿付出学习时间，那么他就不可能真正成为某一领域的人才，因为他没有用足够的时间去学习、积累知识，也没有用足够的时间进行大量的知识训练。此外，理解性学习也是需要花费时间的。

（三）学习动机

学习动机是影响有效学习的又一因素。从心理学的角度来说，动机是激发和维持有机体的行动，并使行动导向某一目标的心理倾向（或内部驱力）。学习动机就是个体在学习过程中为了完成某一学习任务，或者为了实现某一目标而产生的一种学习心理倾向（或内部驱力）。

产生学习动机是有效学习的前提，但是不同个体对待同一个学习任务可能会产生不同的动机。在教学过程，如何因人而异地引导学习动机的产生，并且维持学习动机是教师必须思考的一个问题，具体可从以下几方面考虑。

首先，学习任务对学习者的吸引性。好奇是学习者产生动机的重要源泉，教师在设计教学任务时要充分利用这一要素，结合教学知识点的特征，让学习者对教学任务充满好奇。

其次，学习任务的易难程度。人在面对任务时具有一种挑战心理，如果学习任务太容易，学习者就会感到厌烦，产生不屑一顾的心态，这反而会降低其学习的积极性。如果学习任务太难，学习者就会感到高不可攀，产生畏难情绪和挫折感，同样会放弃学习。因此，学习任务的难度适中是引发学习动机的重要方面。

最后，学习的合作与交流。在学习的合作与交流中，学习者因各自的需要而产生一种"按需合作、优势互补、互利共赢"的学习关系。在这种关系中，学习者首先能够满足自己的学习需要，其次能够将自己优势提供给其他学习者，形成互利共赢的学习共同体。所以，学习的合作与交流对于有效学习具有积极意义。

学习动机是一种极其复杂的心理活动机制，其影响因素涉及学习者个体、学习环境、学习者集体（班级）、社会需求、人文背景等方方面面，同时也会随时间的推移而不断变化。

三、学习的迁移

联合国教科文组织将四种"学会"作为21世纪教育的四大支柱，即学会认知、学会做事、学会共同生活和学会生存。[①]如何在教育过程实现四个"学会"，对应的就是如何在学习知识的过程中实现知识的迁移与重构的问题。社会心理学和人类学研究表明，所有的学习都离不开特定的文化模式、社会规范和价值期望，在这样的背景下，个体把学习的知识变成有用的东西与自身的能力，这就是学习的迁移。

（一）学习迁移的概念

约翰·D. 布兰思福特等在《人是如何学习的——大脑、心理、经验及学校（扩展版）》一书中指出，学习过程和学习迁移成为理解人是如何形成其重要能力的关键，学习的重要性在于没有人一生下来便具备成人在社会中的处世能力，尤其重要的是要理解导致迁移发生的学习经验，迁移被定义为，把在一种情景中学到的东西迁移到新情景的能力。[②]

迁移是一种学习能力，是在已有知识的基础上，将一种教学情景下的学习结果迁移到另一种教学情景下的学习之中，或将一学年的学习结果迁移到另一学年的学习之中，或将学校的学习结果迁移到社会（工程）应用之中。学习迁移是人才培养教育的本质要求，也是实现四个"学会"的有效路径。

（二）知识的带入与融合

学习迁移是一个承前启后的过程，是建立在已有知识的基础之上而启动对新知识学习的活动。新知识的学习并非独立的，学生需要对已有的知识进行思考、分

---

① 约翰·D. 布兰思福特，安·L. 布朗，罗德尼·R. 科金等.2013.人是如何学习的——大脑、心理、经验及学校（扩展版）.程可拉，孙亚玲，王旭卿译.上海：华东师范大学出版社.

② 约翰·D. 布兰思福特，安·L. 布朗，罗德尼·R. 科金等.2013.人是如何学习的——大脑、心理、经验及学校（扩展版）.程可拉，孙亚玲，王旭卿译.上海：华东师范大学出版社.

析与提炼，形成一定的知识模式（或叫前概念），并将其带入新知识的学习之中，在学习过程中逐渐将前概念与新知识相融合，形成新的概念（新的知识模式），从而完成该轮的学习任务。

毋庸置疑，学习迁移可以有效地培养与发展学生的探究能力，实现在不同情景下的知识重构与应用。首先，学习迁移必须建立在学生具有坚实的知识储备这一基础之上，知识的积累对学习迁移具有重要影响。其次，学习迁移发生在某一学习情景中，学生在此学习情景中理解知识、形成概念。最后，学生通过提取、组织、创新等方式，能够把学到的知识应用于新的学习情景之中，这种新的学习情景既可以是学校内部的情景，也可以是社会情景。

（三）学习情景的变化与知识的顺畅提取

在学习迁移中，有两个重要的影响因素。

首先是学习情景的变化。人的一生是一个不断学习的过程，而且学习情景也在不断发生变化。例如，一个人从幼儿园到小学、中学，再到大学，其学习情景是不一样的，进入社会后，个体还要为适应各种发展需要而不断学习，这一时期的学习情景与之前也是有所不同的。每一个阶段的学习情景都是不一样的，即使是在同一学习阶段，也存在各种各样的学习情景。这些情景的变化将带来学习的变化，学习者要不断地改变自己，以适应相应的学习情景，要能够将一种情景下的学习结果有效地迁移到另一学习情景，进而促进学习的不断进步与发展。

其次是知识的顺畅提取。知识的顺畅提取是个体在各种各样变化的情景下进行有效学习的重要标志。人在学习过程中会被包围在各种各样的信息之中，对于这些信息，学习者不可能也没有必要全部接受，因此学习者需要通过对信息的提取和筛选等来获得有用（有价值）的知识，并能够利用这类知识更好地学习。由于人的能力存在差异，个体在学习中对知识的提取往往会表现出费力、一般和顺畅三种情形。费力表明对知识的提取困难，表现为个体对知识的不理解，只是机械地接受知识，无法进行相关的思考与应用。一般表明对知识的提取效果尚可，不仅具有一定的提取速度，而且个体对知识有一定的理解，能够进行适度的思考与引申。顺畅不仅体现在提取速度上，还体现在个体对知识的理解上。也就是说，个体能够理解其在某一情景下学习的知识的意义，并能够将其有效地迁移到另一学习情景中，以作为学习新知识的基础。

（四）已有知识的迁移是不断学习的基础

许多教育专家认为，前期的学习是后期深入学习的基础，也就是说，新的学习建立在已有知识迁移的基础之上。相关研究表明，迁移的知识量是原来学习领域和新学习领域之间重叠范围的函数，重叠范围的大小反映了学习者跨领域学习的可能性与有效性。[①]这对大学课程体系的构建具有重要的指导意义，同时也对不同专业的融合、跨学科的发展具有普遍意义。

在课程体系中，课程不是绝对独立的，课程之间必然存在千丝万缕的关联，不同课程之间的知识或多或少地存在重叠。需要注意的是，这里的知识重叠不是指不同课程之间知识的机械重叠，而是知识在一门课程的基础上延伸到另一门课程中，这种延伸首先表现为原课程知识的拓展（而不是原课程知识的机械搬运），也就是通过对原有知识的迁移与重构，在新课程中形成新的知识；其次表现为延伸的关系，即原知识迁移与新知识重构需要遵循一定的关系，这种关系主要是知识的表征方式、知识与知识之间的内在联系以及知识与客观事物之间的映像等。

已有知识的迁移一般是在抽象层面上进行的，因而促进已有知识的抽象表达是提高知识迁移效率的重要保证。教师和学生要关注抽象思维与方法的训练，如对于现实中的复杂工程问题，思考如何用数学的思维与知识对其进行抽象并加以表征等。

---

① 约翰·D. 布兰思福特，安·L. 布朗，罗德尼·R. 科金等.2013.人是如何学习的——大脑、心理、经验及学校（扩展版）.程可拉，孙亚玲，王旭卿译.上海：华东师范大学出版社.

第三章

本科人才培养的专业建设

专业是本科人才培养的基石与载体，专业的建设与发展必须体现社会的需求导向。本章将从专业建设的意义、专业建设的内涵与外延、劳动能力与人才的关系，以及专业建设的影响因素、基本原则、案例分析等方面展开讨论。

第一节　专业建设概述

2019年，《教育部办公厅关于实施一流本科专业建设"双万计划"的通知》发布，由此启动了国家"一流本科专业"建设。这是我国高等教育与本科人才培养的一个划时代举措，充分体现了党和国家对本科教育的重视与期望，进一步奠定了本科专业在高等教育与人才培养中的基础地位。

一、专业建设的意义

专业建设的意义在于专业是本科人才培养的基石与载体，是实施高等教育的纽带。2018年5月2日，习近平总书记在北京大学师生座谈会上指出，"教育兴则国家兴，教育强则国家强。高等教育是一个国家发展水平和发展潜力的重要标志。今天，党和国家事业发展对高等教育的需要，对科学知识和优秀人才的需要，比以往任何时候都更为迫切"[①]。以专业建设为抓手，进一步落实习近平总书记的讲话精神，是实现教育强国和中华民族伟大复兴的目的所在。

（一）专业建设的人才培养基础意义

专业是人才培养的基础，也就是说，专业建设是培养卓越从业者（社会生产所必需的劳动者），以及科学研究人才、工程技术开发创新人才的基础工程。关于做好专业建设，教育部已在2019年开始陆续遴选出三批国家级一流本科专业建设点。

---

① 习近平.（2018-05-02）[2023-04-18].在北京大学师生座谈会上的讲话.http://www.gov. cn/xinwen/2018-05/03/content_5287561.htm.

高校应借助国家遴选一流本科专业建设点的契机，通过国家级一流本科专业建设点的建设示范与引领作用，促进传统专业的升华与蜕变，形成能够为国家高等教育提供优质人才的育人平台，构建为国家发展提供专业学科支撑的完整专业体系。

（二）专业建设的社会发展需求意义

专业以社会发展需求为前提，不同类别的高校在专业建设时，其指导思想、实施途径、建设类型等千差万别。各高校要从实际出发，依据自己的办学定位、发展方向，坚决摒弃"脱离社会、脱离生产、重形式、轻内涵"的传统专业建设模式，树立"思想引领、意识创新、产出导向、价值追求"的专业建设理念，认清专业建设的要义，遵循"认识—实践—再认识—再实践"的基本原则，从"社会需求-社会生产（供给）"这一社会基本矛盾出发，在广泛的社会调查与分析的基础上，探讨本专业建设的基本规律，切实厘清专业建设的内涵与外延，以社会需求的高素质人才培养为中心，创新专业建设机制，全面、深入、系统地探讨专业建设的新思维、新路径、新方法，构建具有中国特色的专业建设模式。

（三）专业建设的规范意义

高校在专业建设中应遵循百花齐放、突出特色、创新发展的理念，同时专业建设有其自身的规律与标准要求。《教育部办公厅关于实施一流本科专业建设"双万计划"的通知》提出："切实落实本科专业国家标准要求，人才培养方案科学合理，教育教学管理规范有序。"无论是老专业还是新专业的建设，都必须满足本科专业国家标准要求的底线，使专业建设有规可循，使建设措施落在实处，这是专业建设的基本内容，为专业建设确定了基本方向。人才培养方案是专业建设的核心内容，科学合理的人才培养方案确定了人才培养的规格及路径。教育教学管理是专业建设的关键内容，规范有序的教育教学管理是专业人才培养质量的保障。学校通过专业建设构建科学合理的教育教学管理体系与运行机制，能够保证教学活动的规范、有效运行。

二、专业建设的内涵与外延

（一）专业建设的内涵

1. 专业的基本属性

专业存在的意义就是满足社会发展的需求，这一需求是以人为中心的，也就是人类发展的需求。

"人类发展的需求"是一个广义的概念，首先，它包括精神、文化、物质、生理、心理等方方面面的直接需求（也可叫作人类的索取）；其次，它还指为了满足这些直接需求而进行社会生产的需求，该需求同样是以人为中心的，是具有劳动能力的社会人在一定社会条件的制约下，按照一定的目标、组织、方式而进行的有序社会生产（或者叫作对人类需求的供给），这种以人为中心的两种不同的需求，就是"需求-供给"这对社会发展基本矛盾的一种表现。

"需求-供给"这一矛盾关系的纽带就是人，只有从自然人成长为具有劳动能力的社会人，才能为社会所接纳，才能为社会生产所需要。为了适应这种需要，高等教育的"专业"就应运而生了。高等教育可以通过各类专业平台，实施系统、有效的专业教育，培养满足社会不同需求的各类专业人才，培养出来的专业人才又不断促进社会生产需求水平的提升，进而促进人与社会的协调发展。

因此，教育的本质就是如何育人，而专业就是为教育提供育人的载体。党的十九大报告中指出，"加快一流大学和一流学科建设，实现高等教育内涵式发展"。国家"一流本科专业"建设就是应用系统工程的观点与方法，以各类高校为依托，结合国家、社会等方面的人、财、物等资源，建设适合人才培养的专业载体，按照社会需求对人进行系统教育，最终培养出能够满足与适应社会不同类别、不同层次需求的专业人才。

当然，对人进行教育的载体可能有多种形式，但在当今的高等教育体系中，比较合适的载体就是各高校设立的专业。从专业建设的角度来说，为满足社会不同种类、不同层次的人才需求，高校必须根据社会的各种需求进行相应专业的设立与建设，使之成为培养某种需求人才的合适载体。据此，专业必须具备如下两个基本属性。

（1）专业满足社会需求的属性

专业的设立与发展必须承载社会的需求，这是专业存在的基本属性。在专业建设时，正确理解、分析与处理好专业的需求属性是至关重要的。

首先，要思考专业的服务需求对象。社会的需求千差万别，对于具体的专业，要寻求适合专业特色的服务需求对象。只有这样，专业产品（即专业培养的人和提供的服务）才能有输出市场，专业才能有生存与发展的空间。

从学科分类的角度，专业的服务需求对象可以分为13个专业类，这也是目前高校主流的专业设置原则。教育部印发的《普通高等学校本科专业目录（2012年）》中设立了哲学、经济学、法学、教育学、文学、历史学、理学、工学、农学、医学、管理学、艺术学 12个学科门类（不包括军事学），形成了由352种基本专业和154种特设专业组成的完整专业体系[①]，有效地满足了社会发展对专业的需求。

从社会生产需求的角度来说，《教育部办公厅关于实施一流本科专业建设"双万计划"的通知》提出"建设新工科、新医科、新农科、新文科示范性本科专业"，就是强调专业的设立与建设要突破传统理念，根据社会生产的变化发展与需求，主动适应日新月异的科技革命与产业变革，着力优化专业结构，不断深化专业综合改革，打造专业特色，创新发展，以适应社会生产的新需求。

其次，专业要能够适应社会需求的动态变化性。运动变化是万物永恒的本质，社会需求也是随时空发展而变化的。社会需求在经过一定的变化后，总会趋向一个相对静止（稳定）的阶段，随后又会进入新的变化期，并再次进入新一轮的相对静止（稳定）阶段，这样周而复始，不断循环，形成"变化—静止—再变化—再静止"的社会需求发展规律。为此，高校要能够把握社会需求的这种发展趋势，感知社会需求的这种变化，利用社会需求相对静止（稳定）阶段，适时调整专业的发展方向与目标，促进专业与社会需求的协调发展。

（2）专业是人才培养教育载体的属性

为满足人才培养的社会需求，高校必须为各专业的思维方式、逻辑结构、运行

---

① 教育部.（2012-09-14）[2023-06-23].教育部关于印发《普通高等学校本科专业目录（2012年）》《普通高等学校本科专业设置管理规定》等文件的通知.http://www.moe.gov.cn/srcsite/A08/moe_1034/s3882/201209/t20120918_143152.html.

机制、培养目标、毕业要求、课程体系等形而上的抽象层面的内涵赋予一定的物质形态，构成形而下的物质载体，由此才能够使教育过程得以感知、实施、评价、改进、提升与发展，这就是专业作为教育育人载体的属性。专业的载体属性的本质就是将教育育人的内涵信息物化，形成可感知的操作，输出看得见的专业人才与社会服务。

从专业的内涵来看，各专业的载体不可能是单一的物态形式，而是由若干不同物态载体单元（如教师、课程、实验室、图书资料、学生、班级等）构成的、具有一定逻辑结构与功能的载体体系。因此，各专业的载体可能有不同的组合模式，进而形成不同的功能。高校在专业建设过程中既要注意载体的简明、有效，又要关注载体的功能，要从"以人为本"的角度，从人才培养的目标出发搭建各专业的载体，要能够充分体现专业的内涵与特色。

例如，在课程这一载体单元的构建方面，目前高校普遍存在课程设置受教师（教师能教什么课程）与专业总学时的制约，缺乏人性化，在一定程度上限制了学生的选择自由与兴趣发展。国外的一些知名大学，如美国的哈佛大学的本科课程设置相对较多，但这又会带来另外一些问题，即课程设置多了谁来教，在学生选择较为分散的情况下如何教等。这就涉及专业的另一载体——"教师"的问题，是专业建设中需要协同思考与解决的问题。由此可见，专业的载体体系中的各载体单元要素之间既相互关联，又相互制约，做好各载体单元要素的建设是构建有机、完整的专业载体体系的基础。

再如，在课程这一载体单元要素的构建过程中，高校必须打破传统课程设立的思维模式，树立淡化知识传授、培养系统思维、训练工程方法、强化综合技能的理念，遵循从宏观到微观的课程体系建设，即由社会需求导向建立课程体系，并由课程体系的逻辑结构来确定课程类别，再由课程类别确定出具体的课程，同时还要思考每一门课程对整个课程体系来说是否都是必需的，各门课程对学生的技能培养发挥了什么作用等。

这里涉及一个整体与个体的系统协调问题，即既要充分把握课程体系整体的培养目标，同时又要充分认识与理解每一门课程的教学目标、教学内容以及如何组织课程等问题。例如，高校设置专业核心课程的目的就是保证学生在学习专业知识的"细枝末节"之前,对其所置身的专业有一个框架性的理解与探索,也就是在研究树木之前,先了解该树木所在的森林。

2. 专业的基本特征

（1）多样化

这是专业的基本特征,也是高等教育适应社会需求多样化的具体落实。专业的多样化充分体现了学校、专业背景、教学模式、人才类型、人才层次、社会需求等的多样化。

（2）学习化

在信息时代,高校要能够为学生提供超时空的专业学习,要更新管理者、教师、学生对学习的认知与习惯,将传统的课堂教学与线上教学有机融合,实施人性化的教学模式,如弹性学习、兴趣学习、项目学习、创新学习等,推进"教-学"的互动与碰撞,实现"教-学"的升华。

（3）个性化

专业不能只是一种模式,要有其自身的个性。个性是专业的"魂",是某一专业有别于其他专业的特质。高校要思考其所设置的专业的个性是什么、如何彰显专业个性,可从其所培养的人才技能特色、面向社会的服务方向等方面加以考虑。

（4）现代化

当今科学技术、信息技术等的发展在不断催生新的事物,社会需求也在不断变化,这些都需要专业的现代化作为保障。高校要结合自身所在区域、所在地区的社会经济发展水平等进行综合考虑,以专业的现代化推进人才培养质量的提高。

（二）专业建设的外延

多样性是生态系统保持稳定的必要条件,是事物创新发展的基础。未来社会发展的不确定性使得多样性成为专业建设的重要外延特征与发展趋势。

以人类需要为导向的专业建设架构就是根据专业的基本属性与外延特征,重点解决两个基本问题:一是社会发展的需要是什么;二是如何满足这种需要。

1. 专业存在的外延基础

马克思说过："没有需要，就没有生产。"[①]这深刻阐述了社会需要与社会生产之间的矛盾关系。也就是说，社会需要决定了社会生产的目的，是社会生产的动因和归宿。反之，社会生产必须适应与满足社会发展的需要，这就是专业存在的外延基础。因此，高校在设立与建设专业时必须要厘清社会需要与社会生产之间的矛盾关系，深刻认识专业在社会需要与社会生产这对矛盾关系中的桥梁作用，这种关系如图3-1所示。

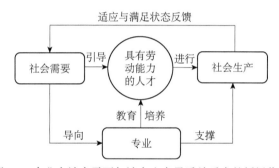

图3-1 专业在社会需要与社会生产矛盾关系中的桥梁作用

由图3-1可见，社会需要与社会生产这对矛盾关系是通过具有劳动能力的人才这一最积极、最活跃的社会要素进行联结与协调的，而具有劳动能力的人才是以专业为载体进行教育与培养而产生的，这是专业的第一个桥梁作用。此外，专业是以社会需要为导向而存在的，高校通过对社会需要进行深入调查与分析，为专业的设立和建设提供方向与目标。这样，专业就会将社会需要的内涵融入对社会生产的支撑过程中，发挥专业为社会生产服务的支撑作用，这是专业的第二个桥梁作用，并与第一个桥梁作用共同构成了社会需要与社会生产的联结桥梁，从而实现社会需要与社会生产这一矛盾共同体的协调发展。

社会生产为人类提供了各种精神、物质等方面的产品，同时社会生产者根据是否满足社会需要进行适应与调节，由此形成了"需求-供给"这一社会基本矛盾的运行机制。专业在这一机制中发挥着纽带作用，社会生产为专业的存在提供了外延基础。

---

① 转引自：梁渭雄，孔棣华.1997.现代教育哲学.广州：广东高等教育出版社.

2. 专业建设的外延要素

要分析专业建设的外延，还是要从社会需要与社会生产这对基本矛盾关系出发，无论时代如何变化，但万变不离其宗，专业在"需求-供给"矛盾关系的动态平衡中起到桥梁作用，这一点是不变的。为实现这一目标与功能，高校必须思考专业建设的多样性、包容性与规范性。

（1）专业建设的多样性

社会形态与发展需求的多样性确立了专业建设的多样性，本科专业建设需要考虑到不同组织、个体及相关方的利益，由此才能得到社会方方面面的协作与配合，特别是近年来以新模式、新业态、新技术、新产品为特点的新经济高速发展，社会对专业人才的需求更加多样化，专业建设的多样性更加重要。专业建设的多样性可以从系统、组织、个体三个层面进行分析。

首先是系统层面。专业建设是一个复杂的、有机的系统，是由不同层次、不同类型的专业组成的，专业之间既相互联系，又相互区别，系统以专业的多样化适应社会需求的多样化，高校通过系统的专业建设，承载了培养能满足各种需求的专业人才的使命。

其次是组织层面。专业是高等学校人才培养的基本单元，每一个具体的专业都有其特定的组织结构，并呈现出对应的组织功能，也就是要能够有效地将德智体美劳的教育内涵内化到专业人才培养之中。一般来说，专业组织结构由教育者（如校内专业教师、校外兼职教师等）、受教育者（如在校学生、在职学习者等）、教育机制（如培养目标、毕业要求、培养方案、课程体系等）、教育资源（如课程、教材、实验项目、实习基地等）、教育环境（如学习场所、校园文化与环境等）等专业要素构成。不同的专业组织要素构成了不同的专业结构，呈现出专业组织层面的多样性。专业组织要素既有静态的特征，又有动态的特征。高校在专业建设过程中，要把握不变的基本规律（"需求-供给"矛盾关系），探讨社会需求发展变化的趋势，充分发挥本科专业在社会发展过程中的桥梁作用。

最后是个体层面。这主要指专业组织结构要素中的教育者与受教育者，这是专业组织结构中最积极、最活跃的要素。受个体生理结构、心理-文化结构与社会关系等多种因素的影响，专业建设呈现出个体层面的多样性特征，进而影响培养对象在将来职业预期与发展路径上的多样性。例如，个体可能在某一科学领域继续深入研究发展，也可能向行业的管理者、创业者等方面发展。

多样性是客观世界普遍、客观存在的特质，本科专业建设如能充分发挥多样性的规律价值，就可以让多样性带来的差异驱动专业人才培养的创新。反之，忽视多样性的存在或纵容多样性的过度发展，都会诱发多种矛盾，导致专业人才培养问题的凸显。

（2）专业建设的包容性

包容性的一般意义是指社会个体或某个社会主体能够包容客体的特性，本科专业建设的包容性特指在专业建设中，不同个体与客体之间相互包容，使专业成为人才培养的"包容器"。首先，高校要在理念上体现专业人才培养的公平性，为每位学生提供平等地接受教育的机会和条件，平等地传授知识与培养技能。其次，高校要注重"以人为本"，尊重每位教师与学生的特点和差异，关心每一位学生的知识、技能、动机、价值、心理、人格的协调发展，注重专业交叉、产学融合、工程实践、国际合作等教育环节，把握专业人才成长的规律，从教学内容、教学问题、教学组织三个方面进行精心设计，相对淡化知识传授，强化技能培养，营造一种包容性的人才培养环境。

（3）专业建设的规范性

专业建设的规范性是指高校依据专业建设的设定目标，对专业建设提出的具体要求、采取的措施或规定的行为等。《教育部办公厅关于实施一流本科专业建设"双万计划"的通知》中明确指出了"一流本科专业"必须"专业定位明确、专业管理规范、改革成效突出、师资力量雄厚、培养质量一流"。高校要从这五个方面入手，严格、规范地设计、实施专业建设，将规范性作为专业建设的基本前提，使专业建设符合教育教学的规律，从人才培养目标、毕业能力要求、课程体系、资源建设、保障条件、评价机制等方面出发，为人才培养提供规范性的专业教育平台。

（三）专业建设内涵与外延的架构及逻辑关系

1. 专业建设的内涵与外延架构

上文已经较为详细地介绍了专业建设的内涵与外延，其架构模式如图3-2所示。

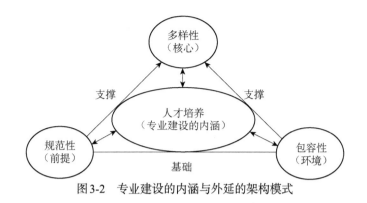

图3-2　专业建设的内涵与外延的架构模式

图3-2清晰地反映了专业建设的内涵与外延架构，围绕"人才培养"这一专业建设的内涵，向外展示了多样性、包容性与规范性三个外延要素，构成了专业建设的外延体系。在这三个外延要素中，包容性、规范性是基础，两者共同支撑着多样性，多样性是"一流本科专业"建设的外延核心。三个外延要素可以协同或独立地与"人才培养"这一专业建设的内涵相互作用，不断促进专业人才培养质量的提升。

2. 专业建设内涵与外延的逻辑关系

专业建设的内涵与外延的逻辑关系就是事物本质与现象的对立统一关系，任何事物都有本质和现象两个方面。世界上不存在不表现现象的本质，也没有离开本质而存在的现象。本质和现象是统一的，同时两者又有一定的差别。专业建设的本质（就是以人为本、以社会需求为导向的人才培养）从整体上规定了专业人才培养的性质及发展方向。专业建设的外延从包容性的专业环境、规范性的专业前提、多样性的专业核心三个不同侧面表现了专业人才培养的本质。

为厘清与把握专业建设内涵与外延的逻辑关系，必须注意如下两个方面。

（1）理性认识专业建设的内涵

在专业建设中，首先要结合本专业的发展历程和现实状态对"专业"的概念进行思考与概括，形成"本专业是一个什么样的专业"的概念，在此基础上探讨本专业的人才培养要素，如专业文化、学生为本、师资队伍、教学平台、实践平台、信息资源、专业环境、运行机制等，采用逻辑思维的方法正确识别各专业要素的关系，并进一步依据已知的要素关系去分析、综合推理出更深层次的关系，明确本专业在"需求-供给"这一基本社会矛盾关系中的地位及作用，最终把专业建设的一般性内涵转化为具有本专业特色的人才培养内涵。

（2）客观感知专业建设的外延

专业的建设状态与发展趋势是由其外延现象对外呈现出来的，这些外延现象是丰富的、多变的，是可以被感知的。客观地感知专业建设的外延现象，就是通过对所感知的外延现象的存在形式、承载信息、运行轨迹等客观资料进行分析、处理，深入了解专业建设的效果及存在的问题，并通过专业建设的反馈机制对专业建设进行持续改进。为此要注意如下几点。

一是要有合理的感知方法与技术。感知方法与技术是指为解决专业建设与人才培养过程中客观存在的外延现象是否能感知、如何感知的问题而采取的措施。感知是认识的开始，通过感知获得的相关信息资料，可为进一步的专业建设与人才培养奠定基础。

二是要有科学的处理方法与技术。对于感知到的信息资料，必须通过筛选、分类、分析、处理后才能去伪存真。专业建设涉及的信息非常广泛，既有人文管理方面的内容，也有专业技术上的内涵，还有人的心理与行为方面的考量，正确使用科学的处理方法与技术是至关重要的。

三是要有有效的反馈机制。客观感知专业建设外延现象的最终目标就是促进专业的持续改进，有效的反馈机制是实现这一目标的保障。高校要建立多渠道、多方位、多内容的"反馈-整改-反馈"机制，使得客观感知的专业建设外延信息能够得到及时反馈，不断促进专业内涵的丰富与发展。

三、劳动能力与人才的关系

专业建设的目的就是培养社会所需要的高质量人才。那么，什么是人才？劳动能力与人才的关系是什么？

马克思在对资本社会生产矛盾运动进行深入研究后提出了"教育生产劳动能

力"①的重要观点，这一观点明确阐释了教育的本质就是生产劳动能力。

一个人（自然人）遗传而来的某些潜能并不是劳动能力，劳动能力是人进行生产活动，特别是现代社会生产活动所必须具有的能力，包括体力和智力两个方面，是体力和智力的总和，具体表现在人所具有的认知、思维模式、知识、技能、心理素养与行为规范等方面。劳动能力又可分为一般性劳动能力、职业性劳动能力和专门性（特殊要求）劳动能力。不同的专业教育可以形成不同的劳动能力，使得自然人成为能够满足不同劳动能力需求的社会人，也就是常常所说的专业人才。

由此可见，劳动能力是自然人成为专业人才的基本内在条件，换句话说，专业人才指的是具有劳动能力的社会人。因此，劳动能力的培养是评价与衡量教育成果的标准，也是本科专业内涵建设的导向。

在社会生产中，不同的行业领域、不同的职业、不同的岗位等对劳动能力的要求是不同的，并且随着社会的发展而变化。一个国家的发展不仅需要科学家，也需要工程师，他们具有不同的劳动能力，共同组成了社会发展所必需的社会生产力。这些不同层次、不同类别、不同性质、不同需求的劳动能力就是通过不同层次、不同类别的专业教育得以细化、落实与实施的，由此形成了培养具有劳动能力的人才的专业体系。因此可以说，人才是自然人具有了劳动能力后的客体，劳动能力是人才的内涵，人才是劳动能力的载体。

利用专业的不同载体，通过系统的专业教育，可以促使自然人成为与社会发展需求相适应的、能够进行社会生产的专业人才，而专业人才的培养要求又影响与制约着专业的内涵发展，不同类型人才（如卓越从业者与拔尖学术人才）的培养会对专业的内涵建设产生显著影响。

对于卓越从业者的培养，《中华人民共和国职业分类大典（2022 年版）》将职业归为 8 个大类、79 个中类、450 个小类、1639 个细类（职业）。②高校在专业建设过程中必须结合职业分类构造专业内涵，进而培养相应职业的劳动能力。

① 梁渭雄，孔棣华.1997.现代教育哲学.广州：广东高等教育出版社.
② 国家职业分类大典修订工作委员会.2022.中华人民共和国职业分类大典（2022 年版）.北京：中国劳动社会保障出版社.

对于拔尖学术人才的培养，如对高端芯片与软件、智能科技、新材料、先进制造和国家安全等关键领域的拔尖人才培养，高校要发挥基础学科的支撑与引领作用，结合拔尖学术人才具有较高的敏感性、反省力与创造性等特质，构造相应的专业内涵，实施对应的专业教育。

第二节　专业建设的影响因素

专业建设是一项复杂的系统工程，涉及的因素繁多，总体上可分为专业内部因素与专业外部因素两大类，如图3-3所示。

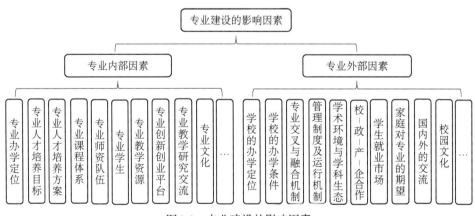

图 3-3　专业建设的影响因素

专业建设一定要结合人才培养的定位与社会需求，分类别、分层次地对这些要素进行分析与研究，探讨其对专业建设的影响，有针对性地采取建设措施，提升专业建设的有效性。下面就主要影响因素作简要说明。

一、专业建设的内部影响因素

（一）专业办学定位

专业办学定位就是根据社会对专业人才的需求，根据专业所处的地理位置及依据的行业背景，通过对专业办学历史的综合分析而确立的专业人才培养规格及服务区域。这是专业建设首先要思考的问题，专业办学定位的准确与否将直接影响专业的发展及专业人才培养。

（二）专业人才培养目标

专业人才培养目标是专业建设的灵魂，将直接影响专业人才培养过程的方向与具体内涵，进而影响专业人才的培养质量。专业人才培养目标的制定一般要从学科与专业的本质出发，紧扣专业的办学定位，满足社会经济发展与行业需求。

（三）专业人才培养方案

专业人才培养方案是人才培养的法定文书，也可以说是专业（也就是学校）与学生之间的培养合同。专业人才培养方案详细地规定了大学对学生的培养要求与具体的教学任务安排，如培养目标、达到毕业的能力要求、需要学习的课程、学习的时间、毕业授予的学位等，因此专业人才培养方案的制定是一项极其严肃的工作，一旦制定好就要一以贯之地执行下去，如果在执行过程中出现问题，确实需要调整的，一定要按照相应的程序，由专业到学院再到学校，经过相关专家认证并经过专门会议讨论通过后才能调整实施。专业人才培养方案是学生在学校维护自身学习权利的、具有法律效应的依据。

（四）专业课程体系

专业课程体系是人才培养的主要内容，其科学性、合理性将直接影响专业人才的培养，因此专业课程体系是专业建设的重要方面。

专业课程体系的确立要从社会需求出发，根据工程教育专业认证的 OBE（outcome-based education，基于学习产出的教育）原理进行，专业课程体系设立的一般程序如图3-4所示。

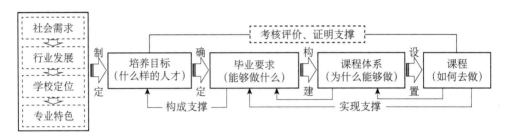

图3-4 专业课程体系设立的一般程序

图3-4较为直观地表达了社会需求、培养目标、毕业要求、课程体系与课程之间的逻辑关系。这一关系突破了传统的课程设立理念，可以说是对大学教育的一种新的认识，对新时代的人才培养具有一定的指导意义。

（五）专业师资队伍与专业学生

专业之所以存在，是因为教师与学生有需要（是社会需求的具体表现）；反之，如果没有专业，教师与学生将无所依。专业建设中存在着"教师-学生"的关系、"教师-专业"的关系、"学生-专业"的关系，这三种关系是专业建设中最基本的关系，教师、学生是对专业建设影响最活跃、最积极的因素。

专业需要教师的支撑，专业人才的培养需要教师的教学，而教师培养出来的学生则展示了专业的内涵与特色，教师和学生将直接影响专业的生存与发展。

（六）专业教学资源

专业教学资源的本质是指导人才培养所需的内容（内涵），包括知识（如基础知识、专业知识、文化知识、心理知识、法律知识、综合社会知识等）、认知能力（如注意力、观察力、记忆力、想象力、思维力等）、工作技能（如发现问题、提出问题、分析问题、解决问题技能等）等，这些内容（内涵）需要一定的载体才能对外呈现，才能被老师所教、学生所学。高等教育中常见的载体有课程、教材、图书、视频、讲义、PPT、各种各样的文档资料等。

专业建设的一个重要任务就是挖掘人才培养所需的各类知识、认知能力、工作技能等，并将其附于一定载体之中，便于教学的使用与操作。

（七）专业创新创业平台

专业教学平台包括为完成实验、实训、创新创业等所需的物理形态或虚实结合形态的各种教学平台或装置，是实现人才培养理论联系实际、回归工程应用，培养、训练学生综合技能等目标的重要依托。专业教学平台对外具有很强的展示性，能够直观地反映一个专业的办学特色及教学条件，是专业人才培养不可或缺的基础条件。

专业教学平台建设是一项复杂的系统工程，一定要根据专业的人才培养定位与培养目标，结合专业的特色与实际情况，充分考虑专业的发展前景来进行科学谋划、精心设计，同时还要能够融合社会力量参与专业教学平台的建设，实现专业教学平台建设的先进性、可操作性、多元性及共享性。

（八）专业教学研究交流

专业内的学科与专业交流就是专业建设的内动力，能够使专业动起来、活起来。高校要组织教师、学生开展各种各样的专业交流活动，通过教师、学生之间的交流，不断增强学科、专业的凝聚力，提高专业的整体教学能力。

《中共中央 国务院关于全面深化新时代教师队伍建设改革的意见》指出："全面提高高等学校教师质量，建设一支高素质创新型的教师队伍。着力提高教师专业能力，推进高等教育内涵式发展。搭建校级教师发展平台，组织研修活动，开展教学研究与指导，推进教学改革与创新。加强院系教研室等学习共同体建设，建立完善传帮带机制。"这为专业建设的学科与专业交流提供了政策保障。

（九）专业文化

专业文化是专业建设与发展的内涵，是专业履行其使命、发挥其社会职能的隐性背景。一般来说，专业文化是专业在特定时期内其本身所具有的价值观、知识与能力体系及专业教学与研究的全体成员所特有的精神风貌和行为规范的总和。

高校在专业建设过程中必须正确地认识专业文化、建设专业文化，形成具有专业特色的专业文化，如常州大学安全工程专业在专业建设与发展中逐渐形成了自己的专业文化，即"关爱生命、关注安全、服务安全、和谐发展"。

上文从九个方面简要说明了专业建设的内部影响因素，在具体的专业建设过程中，不同的专业可能有不同的影响因素，高校在专业建设过程中要因地制宜，灵活掌握。

二、专业建设的外部影响因素

（一）学校的办学定位

学校的办学定位对专业建设具有纲领性与限定性的作用，各专业虽然在专业人才培养上具有独立性，但这种独立性是相对的。从对外（对社会）角度来说，专业是内嵌在学校机构之中的一个单元，因此专业必须服从学校的办学定位。

不同类型高校的办学定位是不同的，所以即使是同样的专业，由于分布在不同的高校，并且受到所在高校办学定位的影响，它们的建设过程很可能是不一样的。高校在专业建设中，需要辩证地思考与把握同专业的横向比较（如现在的专业评比、工程教育专业认证等），由此才能取长补短、共同发展。

（二）学校的办学条件

专业建设需要学校的支持（如人、财、物等），学校的办学条件不可能仅为一个专业服务。各专业如何争取学校的办学条件？如何充分共享学校的办学条件？

这些均对专业建设具有重要影响。

学校的办学条件一定是向能够满足社会需求、招生状态好、就业前景广泛的优势专业倾斜，这也充分说明了专业建设的方向。高校在专业建设过程中一定要从社会需求、生源与就业三个方面入手，以培养国家所需的德智体美劳全面发展的专业人才。

（三）专业交叉与融合机制

专业交叉与融合是专业建设的重要方面，特别是在现代产业链高度相互依赖的大背景之下，这一点显得尤为重要。在高校中，一个专业不可能独善其身，一定是与相关专业有着千丝万缕的联系，并且相互促进、共同发展。学校是否有完善的专业交叉与融合机制，对专业的建设与发展有着显著影响。

一般来说，一所高校中的各个专业都处于统一的办学定位、共同的校园文化等背景下，这为专业交叉与融合提供了良好的基础条件，有利于专业对行业的支撑。例如，常州大学的专业就是依托石油化工生产链而产生与发展的，依据石油化工生产的石油开采→石油输送→石油炼制→基本化工生产→精细化工等环节，学校对应设立了石油工程、油气储运工程、过程装备与控制工程、化学工程与工艺、能源化学工程、制药工程、高分子材料与工程、土木工程、电气与自动化控制、环境工程、安全工程等专业，从而对各专业进行了有效的交叉与融合，彰显了石油化工的特色与优势。

（四）管理制度及运行机制

学校的管理制度及运行机制是专业建设的重要影响因素，管理制度及运行机制发挥着导向与监督作用。某一个专业的建设不可能改变整个学校的管理制度及运行机制，但可以从人才培养的角度影响学校的管理制度及运行机制的改革与创新，优良的学校管理制度及运行机制可以促进专业建设的深入发展。

（五）学术环境与学科生态

专业是在一定的学术环境与学科生态中生存和发展的，专业建设需要良好的学术环境与学科生态的支撑。高校在专业建设过程中要营造百花齐放、生动活泼的学术环境，要正确处理专业与学科的关系，一切从人才培养出发，用教学引导科研，用科研反哺教学，使教学与科研相得益彰，形成良好的专业人才培养的学术环境与学科生态。

（六）校-政-产-企合作

校-政-产-企合作育人是时代的呼唤与要求，特别是在当今互联网时代，校-政-产-企合作育人拥有更加宽广的天地。专业建设只有走进社会（政府、产业、企业），才能了解社会、服务社会，才能得到社会的认可与支持。校-政-产-企合作育人的理论、机制、路径是高校在专业建设过程中需要认真思考与探索的基本问题。

（七）学生就业市场

学生就业市场是专业建设的晴雨表，也是专业建设的导向（社会需要什么样的学生，学校就培养什么样的专业人才）。学生就业市场是动态变化的，因此高校在专业建设过程中能精准把控学生就业市场是至关重要的，要能够将专业建设融入社会发展之中，通过对社会需求的调查、分析，预测学生的就业发展趋势，从而为专业建设发展提供依据。

（八）家庭对专业的期望

部分高校在专业建设过程中很少想到家庭的问题，家长把孩子送到学校学习某一专业，必定对这个专业寄予了期望。不同的家庭可能有不同的期望，如何建设专业，使专业的建设发展既能满足家庭的期望，又能符合社会的发展需求至关重要，这就需要高校对各专业学生的家庭进行认真的调查与分析，探寻家庭对专业期望的本质，促进专业建设的创新发展。

（九）专业交流

专业交流是拓展专业建设视野、扩大专业影响力的重要途径，需要高校教师、学生的共同努力。专业交流包括教师与教师之间的交流、教师与学生之间的交流、学生与学生之间的交流、教师与管理人员之间的交流等，各高校在进行专业交流时，一定要打破形式主义，要清楚交流的目的，了解交流的对象，选择合适的交流内容与方式，由此才能取得良好的交流效果。

（十）校园文化

校园文化是专业建设的文化环境依托，会对专业建设产生潜移默化的影响。校园文化彰显了一所学校的发展历史积淀与文化传承，高校在专业建设过程中必须要以校园文化为依托，同时要将专业文化融入校园文化中，在校园文化的指导下促进专业文化的发展，从而为培养具有专业特色的人才打下鲜明的烙印。

第三节　专业建设的基本原则

专业建设是一项系统工程，涉及内容广泛、形式多样，专业建设必须遵循一定的原则，做到有的放矢。本节对专业建设的一些基本原则做简要说明。

一、专业建设的"需求导向"原则

"需求导向"原则是专业建设的第一原则，其本质就是依据社会需求办什么样的专业及如何办、专业要培养什么样的人及如何培养的问题。

根据"需求导向"原则，专业建设的思路如图3-5所示。

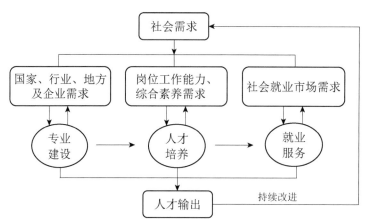

图3-5　专业建设的"需求导向"原则

由图3-5可见，国家、行业、地方及企业需求，岗位工作能力、综合素养需求，社会就业市场需求三个环节共同构成了总的社会需求，这三个需求既相对独立又相互关联，通过专业建设、人才培养、就业服务联系在一起，最终使得培养的专业人才能够满足社会需求。因此可以说，满足"需求导向"原则，就是以专业建设为基础、以人才培养为抓手、以就业服务为保障，以促进各专业培养的人才满足社会需求。

二、专业建设的"标准导向"原则

没有规矩，不成方圆，专业建设同样也需要规矩。《教育部办公厅关于实施一流本科专业建设"双万计划"的通知》指出，报送的一流专业必须满足以下条件，即专业定位明确、专业管理规范、改革成效突出、师资力量雄厚、培养质量一流。此外，教育部还制定了《国家级一流本科专业建设点推荐工作指导标准》，共由11个一级指标和32个二级指标组成，如表3-1所示。

表 3-1 国家级一流本科专业建设点推荐工作指导标准

项目	一级指标	二级指标
高校基本情况	全面落实"以本为本、四个回归"举措有力	全面落实立德树人根本任务，切实巩固人才培养中心地位和本科教学基础地位；加强专业思政和课程思政建设，把思想政治教育贯穿人才培养全过程；坚持以学生发展为中心，着力深化教育教学改革，全面提升人才培养质量
		积极组织开展新时代全面提高人才培养能力思想大讨论，全面整顿教育教学秩序，有效增强全体教职员工育人意识和育人本领
		把建设高水平本科教育作为建设改革发展的重点任务，结合本校实际，研究制定建设高水平本科教育实施方案，明确建设目标、重点内容和保障措施
		根据自身建设计划，加大与国家和地方政策的衔接、配套和执行力度，加大对本科教育的投入力度
	积极推进新工科、新医科、新农科、新文科建设	优化学科专业设置，立足优势、找准定位，坚持特色发展，建立健全专业动态调整机制
		紧扣国家发展需求，主动适应新技术新业态打造优势特色专业，积极发展新兴专业，改造提升传统专业
	不断完善协同育人和实践教学机制	积极集聚优质教育资源，优化人才培养机制，着力推进与政府部门、科研院所和企事业单位合作，不断完善协同育人机制，强化科教协同育人，深化国际合作育人，深化协同育人重点领域改革
		不断加强实践育人平台建设，加强校内实验教学资源建设，强化实践教学，大力推动与行业部门、企业共建设实践教育基地，健全合作共赢、开放共享的实践育人机制
	大力培育以人才培养为中心的质量文化	坚持学生中心、产出导向、持续改进的基本理念，注重学生发展
		建立健全自查自纠的质量保障机制并持续有效实施，努力将建设质量文化内化为全校师生的共同价值追求和自觉行为，形成以提高人才培养水平为核心的质量文化
专业建设情况	专业建设水平高	不断加强专业内涵建设，根据国标及时修订人才培养方案，科学构建课程体系
		专业负责人学术水平、教育教学水平高；本专业教授给本科生上课的比例高
		近三年本专业获省部级及以上教学奖励和支持情况突出
		近三年未出现重大安全责任事故或引发负面舆情的重大教学事故
	专业定位准确及特色优势突出	专业定位适应国家和区域经济社会发展需求、服务面向清晰，符合学校发展定位和办学方向
		培养目标内容明确清晰，毕业要求能够支撑培养目标，并能够在人才培养全过程中分解落实
		专业办学特色优势在本行业本区域明显突出

续表

项目	一级指标	二级指标
专业建设情况	专业综合改革取得较大进展	教育理念先进，以新理念、新形态、新方法推进新工科、新医科、新农科、新文科建设
		不断加强课程教材建设，教学内容更新及时，努力打造五类"金课"
		积极推动课堂教学革命，教学方法手段不断创新，推动信息技术与教育教学深度融合
		不断加强学生学习过程管理，有效激发学生学习兴趣和潜能
	师资队伍建设成效显著	基层教学组织健全，教育教学研究活动广泛开展
		专业教学团队结构合理，整体素质水平高
		近三年未出现重大师德师风失范和学术不端行为
	质量保障体系健全	教育教学管理制度完善，专业质量保障体系科学有效，各主要教学环节质量要求清晰明确、科学合理
		教学质量监控与评价机制健全，实现对各主要教学环节质量全程监控与常态化评价
		注重对校内外的评价结果进行综合分析，合理使用
		毕业生持续跟踪反馈机制健全，人才培养质量的持续改进和提高，形成了追求卓越的质量文化
	人才培养质量较高	本专业学生在省部级及以上各类重要学科竞赛中表现突出，毕业生的创新精神、实践能力和社会责任感强
		本专业毕业生就业率、境内外升学率高，毕业生的行业认可度高、社会整体评价好
	下一步建设和改革的思路明确举措得力	本专业下一步建设和改革的思路清晰
		投入力度大、举措实效性强

三、专业建设的"产出导向"原则

"产出导向"是工程教育专业认证的核心理念之一，也是专业建设的基本原则。专业的"产出"主要是指培养出来的满足社会需求的合格本科毕业生，同时也包含专业对社会提供的有效服务。因此，"产出导向"的专业建设就是从培养合格的本科毕业生、提供有效的社会服务出发，进行专业建设的规划、设计与实施，如图3-6所示。

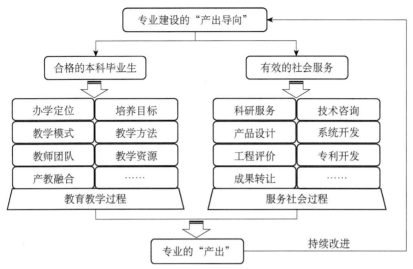

图3-6　专业建设的"产出导向"原则

四、专业建设的"特色导向"原则

特色是专业的灵魂，没有特色的专业是没有生命力的。高校在专业建设中要认真总结与分析专业的发展历史，根据专业的办学定位、行业背景、培养目标，在专业人才培养过程中逐渐形成专业优势与特色。

首先，要清楚什么是特色。一般认为，特色是一个事物显著区别于其他事物的风格、形式等，是由事物赖以产生和发展的特定、具体的环境因素所决定的，是其所属事物独有的。这一定义是帮助我们确立专业特色的重要依据，能使我们从复杂的表面现象中提炼出专业的特色内涵。

其次，专业特色是在长期的专业建设与人才培养过程中逐渐积淀与形成的，需要高校遵循"十年树木、百年树人"的宗旨，在专业建设与人才培养过程中一步一个脚印，认认真真地做好每一件事，处理好每一个细节，坚持十年磨一剑的精神，由此，专业特色必然会水到渠成地呈现出来。

再次，专业特色可以有不同的内涵与表现形式。不同高校的专业建设除了在一般的形貌上相似外，大部分的建设内容可能也是相似的。而专业特色主要是挖掘本专业与其他专业的不同之处，寻找本专业在培养某类人才方面的优势，这种优势可以反映在人才培养的各个环节，如人才培养目标、课程体系、培养模式、教学方法、创新创业、教学资源、实验实训等，并以一定的形式对外表现出来。

最后，专业特色需要适当的专业环境，可以说，专业环境是专业特色的温床。因此，高校要注重对专业所处的环境，如专业所在的学校环境、区域社会环境、相邻专业的环境、不同学校同类专业的环境等进行研究与分析，使得专业建设能够从适应专业环境发展到控制专业环境，从而为专业特色的建设与发展提供专业环境方面的基础与保障。

五、专业建设的"结构优化"原则

专业建设的"结构优化"原则就是指根据社会发展对专业人才的需求变化趋势，对专业的构成要素进行优化，使得专业人才培养更加贴近社会需求。

首先，要理解专业的构成要素，这是对专业建设"结构优化"的一个基本认识。关于专业的构成要素，一般来说，大学专业主要由四大要素构成，即专业培养目标、专业课程体系、教师与学生、教学资源。这四个要素的内涵与逻辑结构就决定了一个专业的形态，结构优化就是通过对这四个要素的调整与创新，使得专业呈现出优势状态。

其次，专业建设的"结构优化"必须顺应全球科技革命和产业技术变革。新工科、新医科、新农科、新文科指向科技经济前沿，瞄向未来发展需求。高校专业所担负的时代责任将不再局限于传统意义上的"纯粹"专业内涵，专业体系的构成、重组和再造都必须突破现有视野和界域，必须重视理、工、管理、经济、人文等学科知识对专业人才培养的综合效应，同时还要立足长远和未来，突破传统思维定式，在更大的学科空间、专业空间、问题空间、社会空间内探索各种可能出现的问题，面向科技革命，扎根中国大地，促进新经济发展，培养时代新人。

最后，专业建设的"结构优化"要遵循服务区域（行业）经济社会发展、现实性与前瞻性相统一、尊重学科结构内部的逻辑这三条基本原则。

第四节　常州大学安全工程专业建设的案例分析

本节将结合常州大学安全工程专业的建设案例，具体阐述专业建设的一些思考与实践。

一、常州大学安全工程专业简介[①]

常州大学安全工程本科专业创办于1994年，2000年开始招收安全工程专业本科生，2004年获得学士学位授予权，2006年获得安全科学与工程硕士学位授予权，2021年获得安全科学与工程一级学科博士点，主要面向石油石化行业、江苏省及长三角经济区培养工程应用型安全人才。

该专业现有专任教师25名，拥有"全国优秀教师"1人，国家"万人计划"教学名师1人，享受国务院政府特殊津贴2人，首届全国教材建设先进个人1人，省级人才5人，江苏省高校"青蓝工程"优秀教学团队1个。该专业已两次通过中国工程教育专业认证，是国家级一流本科专业建设点、教育部"本科教学工程"地方高校第一批综合改革试点专业、江苏省品牌专业、江苏省"十二五"高等学校本科重点专业，首批国家虚拟教研室（石油化工安全技术）建设点，拥有国家级虚拟仿真实验教学示范中心、省级实验教学示范中心各1个，该专业所依托的安全科学与工程一级学科是江苏省"十四五"重点学科。

该专业通过20多年的建设发展，在人才培养等方面取得了系列成果，《基于教育哲学视野下环境安全工程专业五元创新培养模式的路径选择与实践解析》获得

---

① 本部分所涉及的数据均出自常州大学安全工程专业的实际采集数据。

2011年江苏省高等教育教学成果奖特等奖,《石油石化安全人才五元创新培养模式的探索与实践》获得2014年高等教育国家级教学成果奖一等奖。该专业拥有国家级一流本科线上课程、国家级一流本科线下课程、国家级虚拟仿真实验教学一流本科课程各1门,江苏省一流本科课程、精品课程3门,完成"'互联网+'下安全人才培养教学模式改革的研究与实践""高校专业综合改革与重点专业类建设研究——以安全科学与工程类为例""解决复杂安全工程问题能力培养的线上线下混合式教学模式研究"等省级及以上教育教学研究课题20多项,编写出版了50多部系列专业教材,其中,"十一五""十二五"国家级规划教材各1部,江苏省精品教材2部,江苏省"十二五"重点教材6部。

常州大学安全工程专业的发展历程与取得的省级以上教育教学成果如图3-7所示。

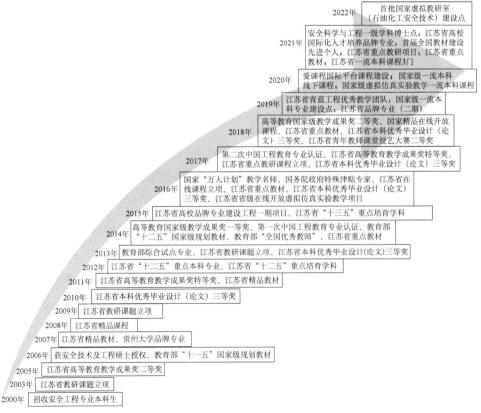

图3-7　常州大学安全工程专业的发展历程与取得的省级以上教育教学成果

二、专业建设坚持 OBE 的理念

OBE也称成果导向教育、能力导向教育、目标导向教育（或需求导向教育），该理念是指以学生为中心，采用逆向思维方式进行的课程体系建设的理念，是一种为国内外广泛认可的先进教育理念。

高校在专业建设过程中要深刻理解OBE理念，并将这一理念融入专业人才培养的各个方面。该理念的核心是考查教育的产出，主要是以学生为中心，也就是考查高校各专业在对学生的培养过程中，学生的受益如何，并通过不断地发现问题、提出问题，进而改进问题，也就是持续改进。我们可以按照如图3-8所示内容对OBE理念加以理解。

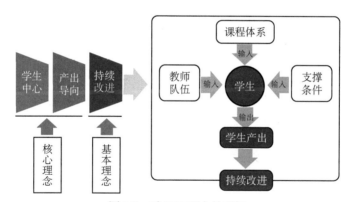

图 3-8　对 OBE 理念的理解

图3-8反映了OBE理念（学生中心、产出导向、持续改进）与专业建设、专业人才培养过程的逻辑关系，表明了专业建设应以学生为中心，三个"输入"（课程体系、教师队伍、支撑条件）和一个"输出"（达到毕业要求的毕业生）构成了专业人才培养体系，"持续改进"在这一体系的运行过程中遵循"查找问题→识别问题→评价问题→反馈问题→解决问题→提升系统"的路径，发挥着质量保障作用。

在专业的建设实践中，我们将OBE理念分解成易于理解并便于操作的五个部分：目标（想让学生取得的学习成果是什么）→需求（为什么要让学生取得这样的学习成果）→过程（如何有效地帮助学生取得这些学习成果）→评价（如何知道学生已经取得了这些学习成果）→改进（如何在学生已取得这些学习成果的基础上使其得到进一步提升）。这五个环节环环相扣，形成了一个闭环的教育教学过程，促使专业建设的螺旋发展。

三、常州大学安全工程国家级一流本科专业的建设思路

常州大学安全工程国家级一流本科专业建设遵循"四个回归"的原则，将常州大学的校训"责任"和专业认证的"学生中心、产出导向、持续改进"理念相互融通，以保持石油化工安全特色，充分发挥专业在人才培养模式、课程与教材建设、教学改革、领军人才等方面的竞争优势，形成有效的"跟进式"人才培养创新机制；注重强化国际交流合作，从师资队伍、教学平台、实践平台、信息资源等硬件建设入手，打造"关爱生命、关注安全、服务安全、和谐发展"的专业文化；走产教融合之路，营造"专业交叉、学科融合、服务企业、社会认可"的协同育人专业环境，以实现"建设一流安全工程专业，培养一流安全人才，提供一流安全生产服务"专业建设目标，如图3-9所示。

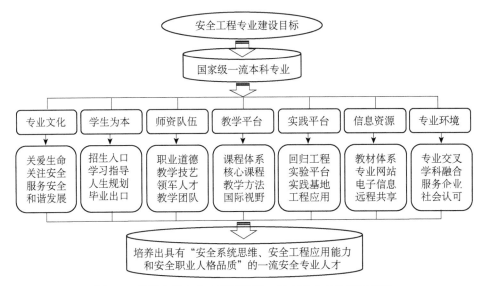

图3-9　常州大学安全工程国家级一流本科专业的建设思路

四、常州大学安全工程国家级一流本科专业建设的具体任务

常州大学安全工程专业教研室根据上述建设思路，通过对该专业建设的全面调研，对其进行了较为细致的分析与比较，本着学习一流（如"双一流"高校）、着眼同类（如有博士授权的一般地方高校）专业的建设原则，具体实施如下专业建设任务。

（一）专业文化与环境建设

专业文化是专业建设和人才培养的基础与灵魂。常州大学安全工程专业教研室依据经济社会发展、产业与行业对安全工程专业人才的需求，从人格、人品、人性入手，不断总结专业建设的经验，创新安全专业人才实践，结合常州大学的办学定位，形成"关爱生命、关注安全、服务安全、和谐发展"的安全工程专业安全文化。

常州大学安全工程专业教研室在专业文化的指导下，大力营造、强化人才培养的专业环境，将专业文化的核心价值融入专业人才培养的全过程，以在潜移默化中形成安全人才培养的优良专业环境。

（二）教师发展与师资队伍建设

在"十四五"期间，常州大学安全工程专业教研室将从师资队伍的数量、职称、学历、年龄、学缘等方面加强建设，满足安全科学与工程学科发展及安全人才培养的需求，计划培养、引进博士20人，其中专业带头人2人，高级职称8人；选派8人到海外进修，培育省级（或国家级）教学名师。[①]此外还将在相关高校之间进行有效的交流与学习，通过让专业教师参加国内外相关的学术会议等途径，继续强化教师的教学能力，提升教师解决复杂安全工程问题的综合水平，打造"开放、信任、

---

① 此处数据来源《常州大学安全科学与工程学院"十四五"发展规划》。

卓越"的教师共同体。

（三）课程与教材建设

课程与教材建设是专业建设与人才培养的落脚点。在"十四五"期间，常州大学安全工程专业教研室将在已有专业建设的基础上，加大对课程与教材建设的投入力度，引导教师积极开展视频公开课、微课、慕课、翻转课堂的研究与实践，开发配套的教材，使本专业课程与专业建设走在国内同类专业前列，力争在国家级一流本科课程、省级一流本科课程，以及国家级规划教材、国家教材奖、省级重点教材等方面再创佳绩。

（四）教学条件建设

常州大学安全工程专业教研室将在江苏省实验教学示范中心、化工国家级虚拟仿真实验教学示范中心（常州大学）、应急管理部油气储运安全技术创新中心等现有平台的基础上，结合石油石化行业特色，根据安全工程专业人才培养体系，突出工程实践的特点，结合最新科技发展和教师科研成果，开发高效、多功能化、集成化的具有企业背景的综合性实验和实训教学平台；通过校政、校企联合，特别是常州大学与中国石油天然气集团公司、中国石油化工集团公司、中国海洋石油总公司共建平台，以石油化工生产工艺链为纽带，打造校内与校外相结合、虚实相映、优势互补的安全工程专业人才培养工程实践平台，提升培养学生综合工程应用能力的支撑水平。

（五）教育教学研究与改革

教育教学研究与改革是专业建设的助推器，常州大学安全工程专业教研室将以国家级教学成果奖一等奖、江苏省高等教育教学成果奖特等奖为抓手，正确认识与把握专业建设与专业人才培养的客观规律，克服浮躁、急功近利的心态，根据经济社会发展对安全专业人才的需求，结合学校的办学定位、本专业的培养目标与特色,从专业文化、理念、教学模式等最基础、最关键的问题入手,通过教育教学研究与改革,夯实专业建设与人才培养的基础,具体将重点做好如下工作。

1. 安全工程专业人才培养模式的提升与应用

常州大学安全工程专业教研室将遵循"认识→实践→再认识→再实践"的实践规律,从"尊重生命价值"理念出发,创新安全工程专业人才培养机制,促进"提出问题、主动思考、系统学习、实践体验、素质养成"的石油石化安全专业人才"五元"创新培养模式的推广应用,不断完善安全工程专业人才培养的内涵,提升安全工程专业人才培养的质量。

2. 深化教育教学研究与改革

随着时代的发展,高等专业人才培养正在经历一场全新的教育教学变革,这对教师提出了一种全新的教育教学引领与组织的要求。要适应这种要求,教师需要解决许多教学理念、路径与方法等方面的问题,如"教与学"没有高效的组织支撑、学生多渠道学习途径没有实现有效的组织化、学生对教育新技术的理解和应用有较大需求等。为此,常州大学安全工程专业教研室将积极引导教师针对全新的教育教学变革,开展积极有效的研究与改革,为"教与学"提供高效的组织支撑。

3. 进一步深化精品课程和教材的研究与改革

常州大学安全工程专业教研室将在现有国家级一流本科线上课程、国家级一流本科线下课程、国家级虚拟仿真实验教学一流本科课程的基础上,进一步加大对课程、教材的建设力度,积极参与教育部、省级一流本科课程的建设工作,彰显专业课程建设的优势特色。

常州大学安全工程专业教研室将以国家级一流本科线上课程"安全风险分析与模拟仿真技术"为核心建立安全工程专业课程群,以省级精品课程、一流本科课程"系统安全工程"为核心构建安全工程专业基础课程群,以国家级虚拟仿真实验教学一流本科课程"危化品运输管理与应急处置虚拟仿真项目"为核心构建专业实验实训课程群;利用安全工程专业教学团队的优势,结合安全工程专业特点,在已有的基础上再编写和出版一批优秀教材(如国家级规划教材、江苏省重点教材等),形成安全工程专业人才培养的资源平台。

4．深化专业教学创新与改革

常州大学安全工程专业教研室将进一步加大专业的课程教学创新与改革、强化实验实训的整合力度，增加综合性、设计性、创新性实验，完善专业实验教材（争取出版国内首部"安全工程专业实践导论"教材），提升实验室开放率，完善大学生进实验室的基本制度和运行机制，强化大学生基本实验操作技能及综合工程应用能力的培养，通过实行主讲教师负责制、选用优秀教材、名师示范讲课等措施，不断提高安全工程专业的课程教学质量。

5．开展积极的教学方法研究

常州大学安全工程专业教研室将进一步总结专业在教育教学改革方面已取得的成绩与经验，积极推进启发讨论式教学、案例教学、项目教学、"变焦式"教学等教学方法的研讨与创新，提升其在课程教学过程中的应用效果；加大对教师现代教育技术的培训，提升教师对教学方法与手段的应用技能；破除传统的知识传授方法，建立教师引导、学生自主学习的教学氛围，最终使学生学会学习；同时采取各种激励措施，鼓励教师善于思考、总结教学，积极撰写教研论文，申报各级教育教学改革项目，为安全工程专业人才培养积淀基础。

（六）教学管理改革

常州大学安全工程专业教研室将在专业建设过程中，通过教学管理改革，逐步形成长效的教学质量保障机制，具体将从如下几方面进行改革。

1．人才培养质量保障体系

安全工程专业人才培养必须密切关注学科专业发展前沿，以产业、行业对安全工程专业人才的需求为导向，不断完善专业人才培养目标、课程体系和质量保障体系。专业建设要以学生为中心，不仅要思考、把握学生入口的质量，同时还要严格把关、提升学生出口的质量，这是专业建设与人才培养的首要问题。

2．创新教学管理制度

常州大学安全工程专业教研室将建立专业教学各环节的质量标准，强化对各教学环节的动态监控；制定学校、学院和专业三级教学管理职责，规范教学督导工作，突出教学督导在教学质量监控中"督"与"导"的职能作用；同时将重点完善毕业环节监控机制，鼓励学生参与老师的科研项目，使其真刀真枪地得到锻炼；走进企业，结合企业的课题进行课程设计或毕业设计，实施面向企业的以团队形式完成的毕业设计（论文），培育大学生的团队意识，切实提高毕业环节的教学质量。

3. 强化学习考核管理

常州大学安全工程专业教研室将强化对考试、考核工作各个环节的管理，重点做好以课程大纲、课程考试大纲建设为核心的命题、批改、成绩统计、试卷分析等工作的规范化，提高考试、考核工作的质量；同时将加强学科基础课、专业基础课、专业课的试题库建设，提高课程教考分离的比例。

4. 深化教师教学管理

常州大学安全工程专业教研室将完善教师教学工作制度，制定教学质量与教学工作的激励机制和导向政策，把教师承担教学工作的业绩和成果与聘任教师职务和津贴挂钩，建立教学型教师职称的评聘机制，通过建立科学的教师教学工作评估体系，调动教师的工作积极性。

（七）落实学生指导

学生指导是专业建设的落脚点，也是落实以学生为中心的具体举措。常州大学安全工程专业教研室在专业建设中将不断完善学生的学习指导、职业规划、就业指导、心理辅导体系，从入学教育、专业思想教育、选课指导、考研指导、学业警示、学业生涯规划指导、科技创新及学科竞赛指导、职业规划指导、创业、就业指导、心理辅导工作室、社会实践等环节对学生进行"跟进"式指导与落实，夯实学生成长、成才、成人的基础。

学生的学习过程是动态变化的，在对学生的指导上，教师将对学生的学习行为进行调查与分析，构建个性化的管理方案，在专业导师、实习师傅、科研团队等的"帮带"作用下，有效地提升学生的学习效能，其指导与管理过程如图3-10所示。

图 3-10 学生的指导与管理过程

（八）根据国际工程教育专业认证标准持续改进

常州大学安全工程已经通过了两轮的中国工程教育专业认证，第二轮中国工程教育专业认证有效期到 2023 年 12 月结束。常州大学安全工程专业建设将以中国工程教育认证标准和安全工程专业补充标准为基础，认真梳理专业的发展历程，总结专业的建设经验，在前两轮认证的基础上，持续加强专业建设的国际化，提升专业在国内外的影响力与竞争力，以迎接第三轮中国工程教育专业认证。

五、常州大学安全工程国家级一流本科专业的建设特色[①]

在 20 多年的专业建设与发展中，常州大学安全工程专业教研室特别关注专业特色的培育与提炼，在专业人才培养的实践中逐渐形成了鲜明的专业特色，如图 3-11 所示。

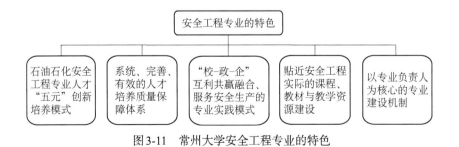

图 3-11 常州大学安全工程专业的特色

---

① 本部分所涉及的数据来源于常州大学安全工程专业建设总结报告。

（一）特色1：石油石化安全工程专业人才"五元"创新培养模式

安全工程专业自2000年开始招收本科生，针对专业所依托的石油石化行业生产能量密度大、高度系统集成、安全因素复杂等特点，开始思考如何培养具有"安全系统思维、安全工程应用能力和安全职业人格品质"的石油石化安全人才。常州大学安全工程专业教研室通过调研、行业反馈与石油石化安全生产事故分析研究，发现90%以上的事故是因人所致的，多表现为安全意识淡薄、安全技能缺失和安全行为失范等，并在此基础上建立了石油石化生产"安全问题"集，通过长期的专业人才培养探索与实践，逐渐形成了以"提出问题、主动思考、系统学习、实践体验、素质养成"的石油石化安全工程专业人才"五元"创新培养模式。

在专业人才培养中，教学团队以"安全问题"为引导，探索"安全问题"引发的人才培养各要素关系，将问题的解决融入人才培养的全过程，如将解决安全意识问题放在第一、二学年，将解决安全行为问题放在第三、四学年，系统安全思维训练则四年不断线。教学中以"问题"为起点，设计"问题"引导"主动思考"，针对"问题"启发"系统学习"，解决"问题"经历"实践体验"，通过"素质养成"满足现代石油石化生产安全的需求，实现复合型工程应用安全人才的培养。

教学团队应用石油石化安全工程专业人才"五元"创新培养模式，针对石油石化安全事故不可再现、工程实习与实训操作困难等难点，解决了安全人才培养的主要教学问题：从"提出问题"出发，解决了学生生命意识不强、安全素养不高的问题；促进"主动思考"，解决了学生学习自主性不足、学习兴趣缺失的问题；重视"系统学习"，解决了学生知识融合与系统性不足的问题；着眼"实践体验"，解决了学生应对复杂安全问题工程实践能力不足、系统性专业训练欠缺的问题；实现"素质养成"，解决了石油石化安全人才需要养成"关爱生命、关注安全、服务安全、和谐发展"的综合素质问题。

石油石化安全工程专业人才"五元"创新培养模式如图3-12所示。

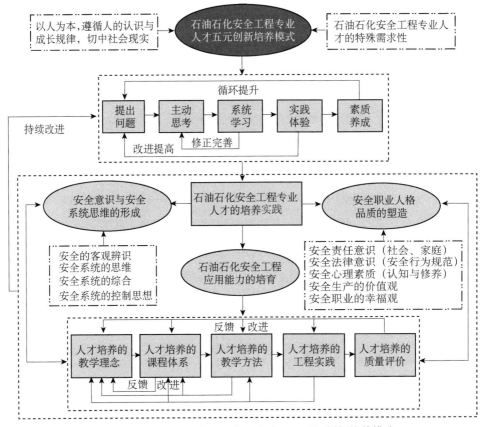

图3-12 石油石化安全工程专业人才"五元"创新培养模式

（二）特色2：系统、完善、有效的人才培养质量保障体系

常州大学安全工程专业以学生为中心、成果为导向、持续改进为抓手，建立了科学合理的教学过程质量监控机制及持续改进体系，对各主要教学环节提出了明确的质量要求，实施了社会、学校、全体老师和学生参与的教学过程质量跟踪管理，通过教学环节、过程监控和质量评价，保证了专业人才的培养质量，形成了特色鲜明的人才培养质量保障体系。

1. 教学质量保障体系

为保证教学过程质量监控机制的有效运行，常州大学安全工程专业根据《常州大学本科教学质量管理办法》，构建了由组织、标准、信息管理组成的教学质量控制、评价与诊断、反馈与调控体系，如图3-13所示。

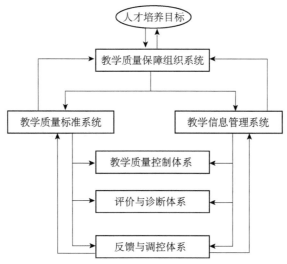

图3-13　教学质量控制、评价与诊断、反馈与调控体系

2. 校、院、系三级教学管理体系

常州大学实行校、院、系三级教学管理体制，建立了如图3-14所示的本科教学管理体系，为本科教学质量提供了组织保障。

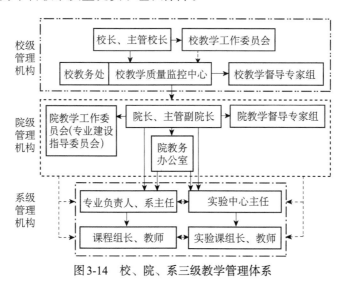

图3-14　校、院、系三级教学管理体系

（1）校级管理

学校根据《常州大学教学管理工作规程》建立了教学工作的校级管理体制，其中教学管理由校长全面负责，分管教学副校长主持日常教学管理工作，并通过职能部门调配各种教学资源，以实现各项教学管理目标。

（2）院级管理

学院是教学工作具体组织、实施与管理的主体，按照学校统一安排，制定各项人才培养建设规划和计划，组织日常教学活动；执行学校制定的各种教学规章制度，做好本单位的教学管理工作；建立教师业务档案，做好教学文件、资料的收集、整理和管理工作；建立院级教学质量监测、建设机制，加强对本单位教学工作的检查和调控，以全面了解教学情况，提高教学质量。

（3）系级管理

系级管理实行专业负责人制，学校相继出台了《常州大学一流本科专业建设实施方案》《常州大学专业建设负责人管理条例》等文件，有力地促进了系级管理，专业负责人在专业建设中发挥了核心作用。

3. 专业教学质量监控与反馈体系

常州大学安全工程专业教研室始终关注社会人才需求和能力素质要求的变化，在人才培养过程中以学生为中心，通过对人才培养各个环节进行精准细化、确立毕业要求、明确责任管理、实施有效监控、组织定期评价和实时反馈等，建立起有效的工作流程，保证各教学环节的有序进行，确保学生毕业能力的达成。

经过多年的传承和发展，常州大学安全工程专业已经建立起了完善的教学过程质量监控体系，确立了学生的主体地位，以人才毕业要求达成和持续改进为中心，明确了各个教学环节的运行、评价和反馈机制，为本专业的工程素质教育和人才培养教育奠定了坚实的基础。

常州大学安全工程专业构建了一套完善的闭环教学过程质量监控与反馈体系，实施内、外部共同监控机制，并将反馈信息应用到教师评优、评奖、职称晋升等方面，还将其应用于教学工作的持续改进中。教学过程质量监控与反馈体系框架如图3-15所示。

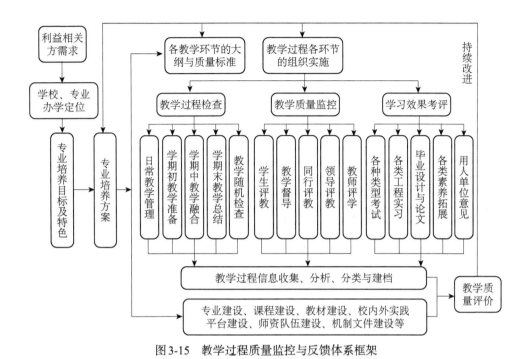

图 3-15　教学过程质量监控与反馈体系框架

（三）特色 3："校-政-企"互利共赢融合、服务安全生产的专业实践模式

"校-政-企"能否合作，达到互利共赢，这是一个与双边利益相关的问题。其内在逻辑是从自我的利益出发，学校一般会从社会（政府、企业）是否能为专业学生提供回归工程的机会与支持条件等角度来思考；相反，社会（政府、企业）则从学校是否能为其提供有效服务等角度来思考。如果两者的思考角度能够产生交叉碰撞，那么就会产生"双赢"的合作。

为此，常州大学安全工程专业教研室认真地分析了安全工程专业的特色及其能够为社会提供哪些安全技术服务，再"走出去"进行广泛的社会与行业调查，寻找它们所需要的服务，据此研究如何将自身的专业优势发挥在为社会服务上，进而建立双方相互依存的契合点。

2014 年 8 月 2 日，位于江苏省苏州市昆山市昆山国家经济技术开发区的昆山中荣金属制品有限公司抛光二车间发生特别重大铝粉尘爆炸事故，造成众多人员伤亡，震惊全国，特别是昆山国家经济技术开发区管委会更是得到深刻教训，尤其需要相关安全技术的支撑与服务。

　　与此同时，常州大学安全工程专业的人才培养也面临着如何"回归工程"，如何培养学生解决复杂安全工程问题能力的瓶颈问题。石油石化安全事故不可再现、石油化工生产工艺要求严格等客观条件的限制，造成工程实习与实训操作困难等人才培养过程中的难点问题。为此，常州大学安全工程专业走出校门，通过广泛的社会调查，获知昆山国家经济技术开发区存在安全生产技术服务、安全生产教育培训等需求，主动走进昆山国家经济技术开发区，与该开发区管委会进行了探讨与交流，双方一拍即成，达成了"校-政-企"合作联盟，开展了实质性的"校-政-企"互利共赢合作。

　　昆山国家经济技术开发区内2600多家各类企业可为常州大学安全工程专业提供优质的工程实践教学资源，可根据每次实践教学的需求，选择相关企业，同时它们还可选派有经验的工程技术人员协助教师指导实践教学。常州大学安全工程专业则可为昆山国家经济技术开发区各类企业提供安全技术咨询、安全教育培训、安全管理、安全生产标准化、安全评价等全方位的安全生产技术服务。

　　作为合作，昆山国家经济技术开发区管委会每年将50余万元（如果经费不足，可以随时追加）的财政专项拨款用于常州大学安全工程专业的实践教学，使得学生能够吃、住、行在开发区，实习在企业（每个企业接纳学生1—2人），例如，安全工程专业2011级的47位学生被分派到46家企业进行生产实习，每个企业都指派了生产经验丰富的师傅专门指导学生，还成立了由昆山国家经济技术开发区管委会牵头，由企业、专业实习指导老师具体实施的专业实践教学工作小组。在实习过程中，根据学生每天实习的实际情况，老师与企业不断调整实习教学内容，实现了真正意义上的生产实习，学生得到了实实在在的安全工程能力训练，受到了学生的一致认可。

　　此外，学生在实习期间利用已学的安全理论与知识，在实习老师的指导下，为实习企业进行了系统的危险源辨识与安全隐患排查，帮助实习企业建立了安全生产标准，使企业得到了具体的安全技术指导，收获了实实在在的安全生产实惠，增强了企业的安全生产意识，促进了企业安全生产主体责任的落实，加大了昆山国家经济技术开发区安全监管工作的深度和广度。通过实习这一契机，常州大学与昆山国家经济技术开发区建立了良好的"校-政-企"互信关系，为安全工程专业学生的就业提供了广泛的平台，也为青年教师的成长，以及教师服务社会与科研创造了大量的机遇。

2014年以来，昆山国家经济技术开发区与常州大学安全工程专业开展了全面的"校-政-企"互利共赢合作，进行了卓有成效的"回归工程"实践教学，为企业安全生产提供了一系列的安全咨询、技术指导、安全培训等安全生产服务，为昆山国家经济技术开发区管委会的安全生产与监管提供了技术支撑。2019年3月，双方将这一合作进一步提升到全方位的战略合作高度，这将使安全工程专业人才培养、服务企业安全生产发挥更大的优势与效果。

截至2022年3月，常州大学安全工程专业2011—2018级学生在昆山国家经济技术开发区共开展了8次生产实习和7次毕业实习，累计参加实习学生共计900多人次，辅导150余家规模以上企业和1000余家小微企业创建安全生产标准化，下派10个街道开展隐患排查企业1500余家，为100余家中小企业建立双重预防机制，累计排查出隐患记录12 000多条，取得了丰硕的实习成果，并直接促成了60名学生在昆山就业。

"校-政-企"合作共赢的协同育人模式，不仅有效地解决了安全工程专业"回归工程"的问题，也更广泛地发挥了专业服务社会安全生产的效能。常州大学安全工程专业认真地总结、分析了与昆山国家经济技术开发区多年来的"校-政-企"合作模式的经验，并将该模式应用到江苏泰州经济开发区、常州国家高新技术产业开发区等区域，使得"校-政-企"合作之路越走越宽广。

（四）特色4：贴近安全工程实际的课程、教材与教学资源建设

常州大学安全工程专业从开办就一直坚持课程、教材与教学资源建设的原则，在课程、教材与教学资源建设中，遵循"以学生为中心、关注学科发展前沿、贴近安全工程实际、注重能力培养"的建设理念，本着"十年磨一剑"精神，认真踏实地做好每一个建设细节，取得了良好的建设效果，形成了石化安全特色鲜明的课

程、教材与教学资源，为安全工程专业人才培养提供了坚实的教学资源保障。

1. 以国家级一流本科课程引领的课程体系

课程是专业人才培养的基础与抓手，也是专业建设的首要任务。常州大学安全工程专业通过20多年的课程建设，已经形成了"国家级一流本科课程，省级精品、一流本科课程，校级优秀、一流本科课程"的完整专业课程体系，建成了国家级一流本科线上课程"安全风险分析与模拟仿真技术"、国家级一流本科线下课程"化学物质热危险性分析与评价"，以及省级精品、一流本科课程"系统安全工程"等优质课程，并以这些优质课程为核心建立了专业课程群，如图3-16所示。

图3-16　课程建设的部分成果

例如，以省级精品、一流本科课程"系统安全工程"为核心建设的专业基础课程群，以培育学生的系统安全思维与工程方法为重点。"系统安全工程"课程在安全工程专业的教学实践和研究中，逐步提炼并形成了"一个思维、两个掌握、一个能力"的教学指导原则,即"形成系统安全的思维、掌握危险源辨识的程序、掌握危险性分析的方法、控制危险的综合能力",为专业课程群的建设提供了标准模式。

再如,常州大学安全工程专业利用"互联网+"做好国家级一流本科线上课程"安全风险分析与模拟仿真技术"的建设,拓展了混合式教学的利用资源。混合式教学需要利用"互联网+"提供足够的教学资源支撑,为此,常州大学安全工程专业在研究过程中加大了线上课程的建设力度,截至2022年,"安全风险分析与模拟仿真技术"课程已经在爱课程网站上开课10多次,取得了良好的社会效果。

以国家级一流本科线上课程为标准,常州大学安全工程专业还在爱课程网站上开设了"大学生安全素质教育""安全评价""化工安全原理及工艺""安全技术概论"等课程,形成了较好的线上教学课程资源,如图3-17所示,为疫情期间的线上教学提供了支撑与保障。

图3-17　爱课程网站上建设的部分线上共享课程

2. 以国家级规划教材为核心的系列专业教材

教材是教师进行课程教学、学生自主学习的重要载体。常州大学安全工程专业秉承"立德树人、能力培养、综合发展"的教材建设原则,坚持"质量第一、突出石化特色",结合社会对安全工程专业人才的需求和专业的科学研究、教学实践,组织广大教师多年致力于教材研究与建设工作。专业带头人获得首届全国教材建设先进个人,编写出版了60多部安全工程专业系列教材,其中"十一五""十二五"国家级规划教材各1部,江苏省精品教材3部,江苏省"十二五""十三五"重点教材共4部,为安全工程专业人才的培养提供了优质的教学资源,得到了国内多家兄弟院校的认可,被选用为专业教材,许多教材还被纳入馆藏图书,如图3-18所示。

图3-18 教材建设部分成果

3. 虚实结合的实验实训平台

常州大学安全工程专业利用国家级一流本科、省级品牌专业的专项建设经费,建设了化工安全虚拟现实与3D仿真综合实训平台,如图3-19所示,并借此平台建立了国家级虚拟仿真实验教学一流本科课程"危化品运输管理与应急处置虚拟仿真项目"。

图3-19 常州大学化工安全虚拟现实与3D仿真综合实训平台

虚实结合的实验实训平台为实践教学提供了广泛的方法与手段，克服了石油石化安全事故不可再现、工程实习与实训操作困难等难点，通过"认识工程→研讨学习→自主体验→技能培训→行为规范→素质养成"的培养过程，为学生解决复杂安全工程问题的综合能力的培养提供了支撑。通过该平台实施的实践教学，无论是在教学内容、学生需求，还是在教学形式、教学环境、教学效果等方面都发生了根本性的变化，主要体现在如下方面。

（1）沉浸在虚拟现实情景之中，提升认知的尺度与质量

应用3D仿真与虚拟现实技术，人们可以生成各种各样的虚拟现实情景，这些情景既可以是现实世界存在的，也可以是超现实的。沉浸在这种变化无穷的虚拟现实情景中，个体会受到各种媒介（如声音、光线、色彩、设备设施、场景环境、各

种人物、各种变幻等）的刺激。虚拟现实情景既可以大到宏观世界，也可以小到微观世界，同时也可以人为变化，这无论是在尺度上还是在质量上都将对人的认知产生重要影响，有助于提升学生（或教师）认识世界的能力。

（2）沉浸在虚拟现实情景之中，促进研讨学习

虚拟现实情景的无穷变幻对人的兴趣、好奇、情感等心理因素将产生积极的刺激作用，使个体对其所感受到的各种刺激（如场景、状态、方式、关系、空间等的千变万化）产生强烈的探究心理，会提出为什么、如何、应该吗、可能吗等问题，进而激发、引导、促进学生（或教师）的研讨学习。

（3）沉浸在虚拟现实的情景之中，培养自主体验素养

自主体验是人的重要心理特征，一个人对其所关联的对象（如人、物、环境、各种自然与社会现象等）是否知道体验、是否会体验、体验的结果是什么，这些都构成了人的综合能力要素，是一个人能够解决问题、会工作的基本素养。沉浸在虚拟现实情景之中，学生会不自主地产生各种体验，经过逐渐积累与升华，最终形成自主体验的能力。因此，教师要针对"筛选体验对象→引发体验过程→培养体验训练→获得体验感觉"的体验过程来设计实践教学，达到培养学生自主体验素养的教学目标。

（4）沉浸在虚拟现实情景之中，培训学生的基本技能

基本技能是一个人立足社会所必须具有的技能，对于不同行业、不同岗位来说，其所需要的基本技能可能不同。因此，在"现实-虚拟-沉浸"式工程实践教学中，要结合社会对专业岗位的技能需求，设计与开发能够培养满足专业岗位需求的技能方案，并借由虚拟现实情景加以呈现，通过沉浸式体验使学生接受技能训练。

（5）沉浸在虚拟现实情景之中，培养学生的行为规范

行为规范一般包括行为规则、道德规范、行政规章、法律规定、团体章程等，如何将这些行为规范融入"现实-虚拟-沉浸"式工程实践教学中，使学生在学习过程中养成良好的习惯，使行为规范成为学生走向社会的基本素养，便显得尤为重要。例如，"三违"（违章指挥、违规操作、违反劳动纪律）行为是安全的最大隐患，在"现实-虚拟-沉浸"式工程实践教学设计与开发中，教师可以充分应用虚拟现实技术营造千变万化的生产场景，并将"三违"行为嵌入其中，让学生在虚拟现实情

景之中体验行为规范，引导和规范学生可以做什么、不可以做什么和怎样做。

（6）沉浸在虚拟现实情景之中，为学生的素质养成提供保障

常州大学安全工程专业应用"现实-虚拟-沉浸"式工程实践教学平台，从上述五个方面对学生进行了系统的实践训练，还要在此基础上进行实践教学的最后一个环节，即学生自主开发、设计（小的项目独立完成，大的项目小组协作完成）"现实-虚拟-沉浸"式安全实践作品，通过独立完成安全实践作品的过程，将上述五个相对独立的过程与环节进行综合，以培养学生的创新创业能力，并培养学生今后走向社会、独立工作所需的综合素养。

（五）特色5：以专业负责人为核心的专业建设机制

常州大学出台了《常州大学一流本科专业建设实施方案》《常州大学专业建设负责人管理条例》，形成了以专业负责人为核心的专业建设机制，极大地激发了专业负责人的积极性，在专业负责人的带领下，专业建设取得了显著成果（具体参见本章第四节第一部分），得到了人民网、《光明日报》等媒体的关注，如图3-20所示。

图3-20　人民网、《光明日报》对专业建设成果的报道

以专业负责人为核心的专业建设机制的主要内涵包括如下方面。

1. 专业负责人要做专门的事

专业负责人要做与专业相关的专门事情是专业建设机制的基础，也就是说，专业负责人要有奉献的精神，除了做与专业有关的事，其他可一概不问不做；要有家长意识（专业是一个大家庭），要时时思考这个大家庭的发展。

作为专业负责人，一定要清楚自己专业的发展历史，要明白专业的优势与不足，做好专业的发展规划（如五年规划、年度计划、月度安排等）。此外，专业负责人要有人格魅力、专业能力，能够以自己的言行影响、团结、带领专业教师共同发展。

2. 专业负责具有相应的权利

为了让专业负责人充分发挥作用，学校给予专业负责人相应的权利：凡涉及专业建设与发展的人、财、物均由专业负责人决定；专业需要什么样的人才，需要多少人才，要由专业负责人进行规划并实施；专业建设的经费由专业负责人支配并签字，专业建设的设备购置、使用等也由专业负责人决定实施。

3. 专业负责人的待遇

学校也充分考虑到专业负责人的工作，在文件中规定了相应的待遇与人文关怀，例如，给予教学工作量补贴（120学时/年），在评优、职称评聘、项目申报、资源分配等方面，当与其他人条件相同时，专业负责人享有优先权。

以专业负责人为核心的专业建设机制还有许多问题有待进一步的思考与研究，如人、财、物等权利的划分与界定等。无论如何，选择一个称职的专业负责人，并充分发挥其积极性是做好专业建设的重要前提。

第四章

本科人才培养的课程建设

　　课程是大学教育教学活动的基本载体与抓手，是人才培养的核心要素，在中国工程教育专业认证体系中，课程作为基础要素，支撑着毕业能力与培养目标的达成。课程建设是一个内涵丰富的动态过程，包括树立课程建设新理念、推进课程改革创新、实施科学课程评价、严格课程管理等环节，课程建设可以全面反映一个专业的办学理念与人才培养特色。如何促进课程建设的合理化、规范化和优质化，真正为高质量的人才培养提供支撑，是当前高等教育急需解决的现实问题。

第一节　课程建设概述

一、课程建设的意义

《教育部关于一流本科课程建设的实施意见》指出，"课程是人才培养的核心要素，课程质量直接决定人才培养质量。为贯彻落实习近平总书记关于教育的重要论述和全国教育大会精神，落实新时代全国高等学校本科教育工作会议要求，必须深化教育教学改革，必须把教学改革成果落实到课程建设上"。课程建设的意义主要在于如下方面。

（一）树立课程建设的新理念

1. 立德树人是课程建设的根本宗旨

课程建设的品质承载着学生的未来，体现了专业的办学特色、人才培养质量与整体风貌。课程建设不是教师的个体行为，而是全体师生的共同责任。课程建设应以立德树人为价值引领，正确对待共识、自由与差异。

2. 学生的需要是课程建设的根本出发点

准确地界定"学生的需要"这一概念的内涵，是课程建设的根本出发点。学生的需要应该是具体的，既面向现实又指向未来，要通过调查研究，确定学生的需要的内涵与认定标准，这样才能把学生的需要融入课程建设之中。

3. 课程建设要遵循教育教学规律

伴随着高等教育教学的发展，课程建设也在不断地改革与发展。目前的课程建设已经从局部的点状摸索逐步过渡到了整体的、系统的格局重构方面。课程建设要遵循教育教学的规律，正确处理好知识与技能之间的关系、选择性与有效性之间的关系以及学习借鉴与特色创新之间的关系。

4. 课程建设要坚持本土（本专业、本学校）意识

课程建设是一项复杂的系统工程，没有哪一个模板能够"包打天下"，在课程建设的实际操作中，各学校（专业）只有坚持本土意识，才能通过自我创新来树立自己的品牌和特色。

坚持本土意识，首先要梳理和总结本专业、本学校的传统。专业、学校的传统是专业、学校生长的魂与根，它不仅属于过去，也属于现在和未来。专业、学校的传统为课程建设提供了必要的基础性条件，构成了课程建设的重要着眼点和着力点。其次要做好专业、学校的现状评估，评估的目的就是为课程建设方案的可能性与可行性提供依据。最后要优化专业、学校资源，资源系统建设是课程建设非常重要的组成部分，应坚持以效力为宗旨，实现对原有资源的加工利用；以量力为原则，实现对潜在资源的集中开发；以合力为导向，实现对区域资源的共建共享。

5. 课程建设要符合课程原理

课程原理是指导课程建设实践的具体指南，在课程建设实践中，要实现课程结构与课程功能的统筹、课程内容与课程形态的统筹及课程目标与课程实施的统筹。

（二）推进课程的改革创新

课程教学是高等学校教学的基本单元（或教学的基本组织形式），是实现学校培养目标的基本途径，整个教学过程是围绕课程而展开的。传统课程建设的守旧与滞后影响了人才培养的质量，推进课程的改革创新必须解决人的问题。美国学者弗兰克·罗德斯（Frank Rhodes）在《创造未来：美国大学的作用》一书中提出，课程建设是教师的责任，需要考虑学校应该培养什么样的学生，并以此为出发点寻求课程的改进，"教育中的重点既不是课程设置，也不是课程内容，而是教育中人的问题"[①]。

---

① 弗兰克·罗德斯.2007.创造未来：美国大学的作用.王晓阳，蓝劲松等译.北京：清华大学出版社.

党的二十大报告提出，"教育是国之大计、党之大计。培养什么人、怎样培养人、为谁培养人是教育的根本问题"。要遵循这一要求，充分认识课程建设对人才培养的价值意义，捋顺课程建设的学科基础，树立教师课程建设的教育自觉意识，不断提升教师的课程建设能力，由此才能有效地推进课程的改革与创新。

（三）建立科学的课程建设质量标准

教学质量体系是实现高等学校内涵式发展的基础保障，课程建设质量标准就是其中一个重要的组成部分。课程建设质量标准对于全面提升高等学校教学水平和人才培养质量具有积极的推动作用，是科学实施课程评价的依据。

为建立科学的课程建设质量标准，要充分理解课程建设质量标准的内涵，以学生为中心，从专业人才的培养目标、学生的需求、专业（课程）的特色、教师教学、多元化课程群等方面入手，科学地规划和定义课程建设质量标准这一概念，还要从系统的角度出发，充分考虑课程建设内涵丰富、涉及范围宽广等特点，从课程建设理念、人才培养方案、教材选择与编写、课程教学组织与实施、以学生产出为导向的课程考核等方面进行科学、系统的统筹与规划，形成具有操作性的课程建设质量标准。

（四）实施严格的课程教学管理

推动课程的科学管理对课程建设具有重要意义，课程管理要遵循课程教学程序进行科学实施，课程教学的一般程序如图4-1所示。

在课程教学的一般程序中，前四个环节是课程教学的规划、设计及推演部分，后三个环节是课程教学实施与检验提升部分，前一部分是后一部分实施的依据，后一部分是对前一部分的检验，这两个部分既相对独立，又相互关联、相互促进，共同推进课程教学质量的不断提升。

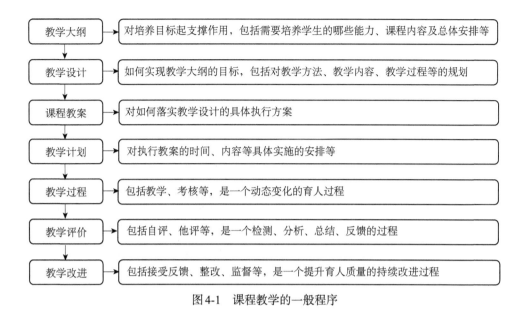

图4-1　课程教学的一般程序

二、课程建设的原则

《教育部关于一流本科课程建设的实施意见》提出了明确的课程建设指导思想，"以习近平新时代中国特色社会主义思想为指导，贯彻落实党的十九大精神，落实立德树人根本任务，把立德树人成效作为检验高校一切工作的根本标准，深入挖掘各类课程和教学方式中蕴含的思想政治教育元素，建设适应新时代要求的一流本科课程，让课程优起来、教师强起来、学生忙起来、管理严起来、效果实起来，形成中国特色、世界水平的一流本科课程体系，构建更高水平人才培养体系"。课程建设的基本原则如下。

（一）分类建设、彰显特色的原则

分类建设、彰显特色的原则充分体现了课程建设的要义。课程建设是为人才培养服务的，不同高校的办学定位和人才培养目标定位是不同的，不能按统一标准进行课程建设。课程建设要适应研究型、创新型、复合型、工程应用型等不同人才培养的需要，形成课程分类建设的架构。

分类建设重在特色，特色是课程的灵魂。如何在课程建设中形成课程的特色，要从教学理念、课程目标、课程团队、教学方法、课程评价、课程管理等方面入手，结合学校办学特色、专业发展的特点等，形成课程的原创性、鲜活度与影响力。

（二）继承传统、创新提升的原则

课程建设一定要注重对传统的继承，是一个不断渐进、不断突破、不断总结、不断成熟的过程，一门优秀课程的建成是在已有课程的基础上的传承与创新。

一流课程建设重点支持已有建设基础、取得明显教学成效的课程，通过继承传统、创新提升，让优的更优、强的更强，实现一流本科课程多样化。

课程建设的创新提升要紧密结合工程实际、最新的科研成果、最前沿的学科发展等，将最新的知识、技术等融入课程，提升课程内容的广度和深度，突破习惯性认知模式，培养学生深度分析、大胆质疑、勇于创新的精神，使学生形成解决复杂问题的高级思维及综合能力。

（三）遵循课程与教学基本原理的原则

课程与教学的基本原理是课程建设必须遵循的基本原则之一，要正确理解和把握课程与教学的基本原理，并将其始终落实在课程建设之中。

美国著名教育学家、课程理论专家、评价理论专家拉尔夫·泰勒（Ralph Tyler）在《课程与教学的基本原理》一书中指出，在制订任何课程及教学计划时都必须回答四个问题："学校应力求达到何种教育目标？要为学生提供怎样的教育经验才能达到这些教育目标？如何有效地组织这些教育经验？我们如何才能确定这些教育目标正在得以实现？"[①]

这四个问题是课程建设中需要回答的基本问题，但是由于学校的不同、专业的不同、课程层次的不同，这一问题的回答肯定千差万别，这也是为什么课程建设不

---

① 拉尔夫·泰勒.2014.课程与教学的基本原理.罗康，张阅译.北京：中国轻工业出版社.

可能采用一个模式、一个标准的重要原因。

　　课程与教学的基本原理并非是一个固定不变的模式，在课程建设中，要根据人才培养的需要对其加以灵活应用，由此才能真正把握好课程建设这一复杂的系统性工作，才能使课程建设中的多元主体之间相互配合与协调，实现课程建设的有序、有效进行。

（四）学生中心、目标导向的原则

　　课程建设以学生为中心，就是把学生作为出发点与落脚点，充分了解学生的认知规律和接受特点，根据学生的需求进行课程目标的设定、课程学科知识架构的建立、课程内容与教学内容的确立、课程教学方法的选择与创新。

　　课程建设要增加研究性、创新性、综合性内容，促进学生主动投入学习，科学"增负"，让学生体验"跳一跳才能够得着"的学习挑战，同时要有严格的学习成果考核评价机制，使学生体验到经过刻苦学习后自身能力和素质提高的成就感。

　　科学、合理的课程建设评估标准是促进课程建设的重要手段，通过对课程建设的评估，可以厘清课程的优势与存在问题，以便课程的持续改进。课程建设评估标准不应采用同一种模式，应根据不同的专业特点与服务社会的需要而确立。常州大学在课程建设中结合自身的实际与特色，不断改革创新，逐渐形成了如表4-1所示的本科课程评估指标体系。

表 4-1　常州大学本科课程评估指标体系

一级指标（分值）	二级指标（分值）	评分标准		得分
		A	C	
1. 课程目标与内容评价（25分）	1.1 课程目标定位（4分）	课程目标以培养学生能力为主线，教学理念先进，定位准确，面向产出的任务明确，有力支撑专业人才培养目标与毕业要求，内容系统规范，包含多维度、深层次的课程教学目标，注意涵盖知识、能力、素养、人格与价值观等多个维度及知道、领会、应用、分析、综合、评价等不同层次。目标是可测量的，能够使学生了解到课程希望他们能具体做到什么	课程定位比较准确，任务比较明确，内容全面、规范。课程目标基本契合专业人才培养目标与毕业要求	

续表

一级指标 （分值）	二级指标 （分值）	评分标准		得分
		A	C	
1. 课程目标与内容评价（25分）	1.2 课程目标达成情况（8分）	课程教学目标达成度高（应着重于可测量的达成评价，从检测或观察学生"能力指标"的证据中进行判断，不能只基于间接评价）	课程教学目标达成度较高	
	1.3 教学内容高阶性、创新性和挑战度（8分）	课程教学内容与课程教学目标的对应性好，深度、广度适当，能够反映相关学科领域的最新发展。 教学中增加研究性、创新性、综合性内容，体现知识、能力、素质的有机融合，注重培养学生解决复杂问题的综合能力和高阶思维	课程教学内容与课程教学目标能够对应，深度、广度比较适当，相关学科领域最新发展有所涉及。 教学内容基本体现了知识、能力、素质的有机融合	
	1.4 课程思政（5分）	课程内容坚持知识传授与价值引领统一、显性教育与隐性教育相统一，充分发掘课程和教学方式中蕴含的思想政治教育资源	课程内容能够发掘其中蕴含的思想政治教育资源	
2. 课程考核与试卷评价（10分）	2.1 课程考核制度（5分）	课程考核建立了过程性考核与结果性考核有机结合的学业考评制度，并以激发学习动力和专业志趣为着力点完善过程评价制度。加强对学生课堂内外、线上线下学习的评价，强化阅读量和阅读能力考查，提升课程学习的广度。丰富探究式、论文式、报告答辩式等作业评价方式，提升课程学习的深度。加强非标准化、综合性等评价，提升课程学习的挑战性。 考核内容及方式与学生能力表现有高度相关性，考试能有效地考核学生相关能力	课程考核建立了适当的学业考评制度，能够采取较为灵活的考试形式，过程性考核比重较为合理。 考核内容及方式与学生能力表现有一定的相关性，考试能较有效地考核学生相关能力	
	2.2 试卷综合评价（5分）	课程试卷命题符合课程目标考核要求；试题注重学生能力的考查；严格执行学校试卷审批制度，课程考核资料规范、齐全。 建立试题（卷）库，题型全面，题量充足	命题规范，基本符合课程目标要求；试卷、参考答案、评分标准无错误；评分过程规范、合理，评分基本准确；执行学校试卷审批制度，课程考核资料完整。 已建立试题（卷）库，试题（卷）库有一定种类的题型和较多数量的试题	
3. 课程资源与支持条件评价（20分）	3.1 课程师资团队（5分）	课程负责人具有正高级职称，教学科研成果丰富，能有效组织开展教学研究与改革，在青年教师培养、团队建设中积极发挥带头作用。基层教学组织建设情况（教师全员纳入基层教学组织，强化教学研究，定期集体备课，研讨课程设计，加强教学梯队建设，完善助教制度，发挥好"传帮带"作用。 团队教师师德高尚，严谨治学，注重充分挖掘教学内容中的德育素材，体现立德树人、教书育人；学生对师德师风评价高	课程负责人具有中级职称，且具有博士学位，有一定教学科研成果。 团队教师重视教书育人，遵守学校规章制度，近三年无教学事故；学生对师德师风评价较好	

续表

一级指标（分值）	二级指标（分值）	评分标准		得分
		A	C	
3. 课程资源与支持条件评价（20分）	3.2 "互联网+教育"的网络教学资源建设（10分）	建立"智慧课堂"，课程网络教学资源（电子教案、课件、教学大纲、实验指导、自主学习、视频录像、拓展资源、题库等）建设完备，并能经常保持更新。强化现代信息技术与教育教学深度融合，使用可视化、多媒体的资源展示内容并在教学中发挥较大作用，学生利用率高、反映良好。使用信息技术工具辅助学习活动的开展，以创造性的方式使用技术，超越传统的以教师为中心的模式应用技术（将多样化的媒介工具整合进课程中，尝试使用低成本或无成本的资源）	课程网络教学资源建设已初具规模，基本具备学生自学、教师备课、师生互动等三项功能	
	3.3 课内课外学习资源及学习支持（5分）	教材内容符合课程教学大纲要求，学生反映好。按要求选用"马工程"教材；选用国家及省部级获奖优秀教材、国家或省部级规划教材、国家或省部级精品教材、国外引进的优秀教材、近三年出版的新教材。主编或参编全国规划教材（及其他教材项目），并获得国家及省部级奖（编写云教材）提供丰富且有效的线上、线下课外学习资源，并指导学生如何高效获取及使用学习资源	选用同行公认的优秀教材。教材内容基本符合课程教学大纲要求，学生反映较好。主编或参编教材。提供课外学习资源	
4. 课程教学过程与改革成效评价（25分）	4.1 教学设计（10分）	有科学完备的教案、课程计划表、教学大纲等教学资料。教学大纲能充分体现课程教学目标要求（要考查其内涵是否能体现OBE理念）。融入创新教育理念，教学各环节设计注重学生创新意识与能力培养。内容科学系统，重点难点突出，进度安排得当。课程教学大纲执行情况好	教学资料基本完整。课程教学大纲能基本体现课程教学目标要求。教学各环节项目较完整，内容要求较明确，重点难点较突出，进度安排比较得当。课程教学大纲得到基本执行	
	4.2 教学方法与手段（10分）	合理运用讨论式、探究式、案例式、混合式、翻转课堂、线上线下混合、虚拟仿真等教学方法，能有效促进学生积极思考，主动探索问题的答案，掌握解决问题的思路、方法、规律，能很好地达到培养学生能力的教学目的。关于教学策略如何帮助学生达到课程目标有清晰的说明，提供学习指导帮助学生了解有效的学习方式，设计能锻炼学生高阶思维能力（如分析、解决问题、批判性反思等）的活动，并提供学习示范样例，提供个性化的指导，如能为学习困难的学生提供帮扶活动，能为高水平学生提供拓展资源等。线上、线下环境中，师生、学生之间的交互与协作良好	注重学生思维方法与能力培养，体现因材施教。有适当的教学策略设计。有师生互动交流	

续表

一级指标 （分值）	二级指标 （分值）	评分标准		得分
		A	C	
4. 课程教学过程与改革成效评价（25分）	4.3 课程教学改革成效（5分）	团队成员近两届获1项与本课程有关的省部级二等及以上教学成果奖或教学竞赛奖。 近三年至少主持并完成1项与本课程有关的省部级及以上教研立项项目。 课程教师指导学生参加与课程相关的学科竞赛获奖（按常州大学竞赛管理办法Ⅰ级）。 课程建设为省级以上（含）优质课程。 建成线下、线上、线上线下混合、虚拟仿真和社会实践等"金课"。 课程改革创新在国内同类院校、省内同类高校和本校具有示范效应与推广价值	团队成员近两届获1项与本课程有关的校级二等教学成果奖或教学竞赛奖。 近三年至少主持并完成1项与本课程有关的校级教研立项项目。 近三年至少公开发表教研论文1篇。 课程教师指导学生参加与课程相关的学科竞赛获奖（按常州大学竞赛管理办法Ⅲ级）。 课程建设为校级优质课程。 着手建设"金课"。 课程改革有一定的思路和举措，取得了较好的效果	
5. 持续改进评价（20分）	5.1 质量自我评价机制及持续改进措施与效果（10分）	建立起有效的持续改进机制，保证课程教学质量的显著提升	建立持续改进机制，课程教学质量提升有一定成效	
	5.2 学生学习成效评价（5分）	这两项由质评中心统一查询相关数据后打分		
	5.3 专家同行评价（5分）			

　　注：课程评分标准分为A、B、C三个等级，位于A、C之间的为B。表中括号内数值的含义是该项指标的评估赋值（百分制）

第二节　课程的开发

　　课程开发是课程建设的核心任务，在以互联网、信息技术为代表的科学技术迅猛发展的今天，课程开发的理念、方式与方法等也在发生本质性的变化。

一、课程开发的理念

课程开发就是为培养德智体美劳全面发展的社会主义建设者与接班人而搭建最基础的育人载体（课程体系），高等教育的教学过程均是在课程（体系）这样的载体平台上进行的。正确地认识、理解、把握课程开发理念，是做好课程开发的关键。持有不同教育观念的个体对课程开发有着不同的理念，例如，课程的开发以谁为中心？是为了教师的教学，还是为了学生的学习？再如，课程开发的结构定义是以知识结构为主，还是以技能（能力）结构为主？这些都是课程开发需要解决的理念问题。

（一）课程开发的育人理念

总体来说，课程开发就是以全面贯彻党的教育方针、推进高等教育的顺利进行、提升学生的综合素质为宗旨，充分体现"为了每一位学生的全面发展"这一指导思想。课程开发应强化学校的主导作用和教师的主体作用，能够根据专业人才培养、不同地区的经济发展和不同学校的实际情况以及特殊需要，以国家级、省级一流本科课程为导向，全面整合学校的课程资源，开发具有个性特色的、专业人才培养所需的补充性课程，为创新教学、人才培养提供更大的课程空间。

（二）课程开发的系统理念

课程开发是一项系统工程，涉及课程目标、课程定位、课程架构、课程内容、课程教材、课程实践、课程拓展、课程应用等方方面面，课程开发必须遵循系统的理念，统筹规划、系统实施。从系统的角度出发，需要切实解决好如下问题。

1. 课程之间的关系问题

课程绝不是独立静止存在的，一门课程既是相对独立的，又依赖其他课程而存在于课程体系之中，课程与课程之间形成一种协同发展的关系，这种关系对课程的建设与发展具有重要意义与引领作用。

2. 课程开发与人才培养的关系问题

课程开发绝不能只唯课程，一定要清楚所开发的课程与专业人才培养的关系，也就是课程对学生毕业能力的支撑作用。因此，在课程开发过程中，要突出学生的自主性、自愿性和灵活性，将培养学生的兴趣特长、创新思维和实践技能，培养学生的团结协作精神，以及分析、解决复杂工程问题的综合能力等作为课程开发的核心任务。

3. 课程开发的系统性目标问题

课程开发的系统性目标就是通过课程系统开发的过程，实现非课程本身的系统性目标，主要体现在如下方面：通过课程开发，加深教师对课程的认知与理解，提升教师的教学能力；引导学生参与课程开发，培养学生对课程的兴趣爱好，激发学生的学习主动性，发展学生的个性特长，提高学生自主学习、自我完善的学习能力；课程开发团队（教师之间、教师与学生之间、学生之间）通过团结协作，实现对课程知识领域的拓展与创新，推动课程建设的改革。

（三）课程开发的科学与规范性理念

课程开发的质量直接关系到人才培养的质量，要正确对待课程开发的科学性与规范性。

1. 课程开发的科学性

由于课程的特殊意义及其在人才培养中的地位，课程开发的科学性体现在多个方面。

（1）课程架构与内涵的科学性

课程开发要能够遵循学生学习的客观规律，充分体现不同水平学生的学习特点和学习需要，课程内容要体现循序渐进的原则，关注学生的兴趣、爱好、差异和学习过程，同时课程内涵要科学、合理，能够满足社会发展的需求。

（2）课程开发方法的科学性

课程开发方法的种类有很多，但对于具体的课程开发，一定有其最科学、有效的方法，因此，合理地选择与使用课程开发方法显得尤其重要，特别在信息技术、计算机技术高度发展的今天，一定要理解各种开发方法的本质，不能被表面现象所迷惑。

（3）课程开发配套资源的科学性。现在的课程开发不再仅涉及一门课程，而是涉及线上、线下等一系列的配套课程资源。这些配套的课程资源绝不是机械地堆积在一起的，而是需要从课程开发配套资源的科学性出发，思考配套资源的筛选、设计、关联、引用、学习等问题，真正发挥配套课程资源对课程学习的支撑作用。

2. 课程开发的规范性

课程开发也有其规范要求，在课程开发中，要注意如下规范性问题。

（1）课程开发语言的规范性

课程开发语言的规范性对课程的表达效果至关重要。课程开发语言主要有课程（教材）的表达语言、教师教学视频的表达语言、课程其他教学资源的表达语言等。这里所说的语言表达是一个广义的概念，可以是有声的、无声的、可视的、多媒体的等多种表达方式，现代多媒体、融媒体技术为课程开发提供了无限可能。在使用这些表达方式时，一定要注意规范使用，厘清各种表达方式的意义、作用、对象、范围、效果等，使得这些表达方式能够有效地服务课程，为传递课程的内涵发挥最佳效果。

（2）课程开发载体的规范性

课程开发需要一定形式的外在呈现作为载体，如当下大家熟知的线上课程、线下课程、线上线下混合课程、微课程等。在开发、制作这些课程载体时，必须按照相应的技术规范标准进行，由此才能为课程提供传输、共享的路径。据此，课程开发载体的规范性可分为载体本身的规范性、载体制作的规范性、载体使用的规范性、载体共享的规范性等。

（3）课程开发教学的规范性

课程开发的目标就是促进教学，教学需要规范的支撑，需要符合教育教学规律。因此在课程开发过程中，教师要了解、掌握教学对课程的要求，决不能离开教学去做课程开发，同时通过对教学规范性的把握，不断提升教师自身的教学能力及对课程的综合掌控能力。

二、课程开发的基本程序与基本原则

（一）课程开发的基本程序

课程开发的总体方案与开发实施程序如图4-2所示。

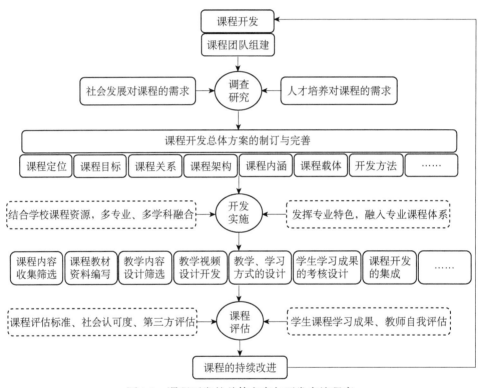

图4-2　课程开发的总体方案与开发实施程序

由图4-2可见，课程开发是一项具有研究性的系统工程，需要有一支团结、协调、战斗有力的课程开发团队。整个课程开发过程主要包括三个重要环节。

首先，调查研究环节。在该环节，通过系统、全面的调查与研究，了解、分析所开发的课程对社会发展、专业人才培养需求的支撑情况，形成课程开发的必要性与可行性研究报告，并在此基础上完成课程开发总体方案，为课程开发提供顶层设计与思想指导。

其次，开发实施环节。在该环节，依据课程开发总体方案，对开发方案进行细化、设计与落实。这也是课程开发的主要环节，具有工作任务繁杂、工作量大、涉及范围广等特点，需要课程开发团队的分工与合作，同时也需要课程负责人的全盘把握与调控，使得整个课程开发的实施能够按照既定的开发方案有条不紊地开展。

最后，课程评估环节。课程开发完成后，为检验是否达到预期的目标，需要通过课程教学的实施与评估进行检验。课程评估的目的就是找出课程的不足，为课程的持续改进与提升提供保障。如何科学、合理地进行课程评估，也是课程开发需要研究的重要方面，由于课程类别、性质等的千差万别，现在还没有统一的课程评估标准，因此不同的高校、专业都在探讨符合自己特色的课程评估。但无论如何，课程评估都需要学生的课程学习成果、社会发展对课程的需要程度等指标的支撑。

（二）课程开发的基本原则

1. 彰显特色的原则

课程开发要有自己的特色，一定要从学校的办学定位与办学特色出发，结合专业人才的实际与专业特色，以学生为中心，从学生的兴趣、爱好出发，从教师的特点出发，使课程开发为发展学生特长和发挥教师专业优势提供支撑。

2. 服务社会的原则

课程开发要服务社会发展需求，要能够满足社会经济发展对知识、技术、创新的实际需要，特别要突出强调其对学校、专业所在区域的经济发展的服务与支撑作用。要充分利用课程开发这一纽带，加强教师、学生与区域社会经济发展的联系，促进教师、学生走向社会、了解社会、接触社会、关注社会、贡献社会。

3. 文理工交融的原则

课程开发绝不能仅仅从理工科的角度思考，要全面考虑课程对学生发展的促进作用，培养学生完善的个性、健康的心理、科学的价值观与各种技能，这是课程开发的目标所在。课程开发过程中要实施文理工交融，注重科学的追求和人的价值体现，应用学习设计引导课程内容的开发，拓展课程的学习范围，实现真正意义上的广泛学习。

4. 激发学习兴趣的原则

课程开发既是科学、严肃的学术问题，也是引导兴趣学习的教育教学方法问题。因此，课程开发不仅要符合学生的知识水平、认知水平与技能培养，还要设计、开发趣味性较强的课程内容和教学活动，最大限度地激发学生的学习兴趣和学习动机。在课程开发的同时，要研究相应的教学方法（包括教师教的方法、学生学的方法），将课程内容、教学活动与教学方法有机统一，应用现代教育技术，促进学生拓展思维、开阔视野，培养学生的创新精神和工程实践能力。

5. 课程开发的综合性原则

课程开发不是一门课程的问题，会受到课程在课程体系中所处的位置及其与其他课程之间关系的制约，并与其他课程（课程体系）一起共同培养学生的能力。在课程开发时，要设计好课程体系中各课程之间的关系与衔接，做好课程内容、教学安排、学习指导等方面的分工与协调。

课程开发还要打破课程本位主义与学科的限制，从综合能力培养的角度进行多学科、多知识领域的综合，实现各类课程内容的衔接与融合，为专业人才毕业能力的达成提供综合性、支撑性的课程体系。

三、以碎片化学习设计引导课程开发

在大数据、信息化、移动互联网时代，学习的方式正在发生天翻地覆的变革，碎片化学习已成为"新常态"。如何利用碎片化学习解决系统化的问题，也就是碎片化的学习最终如何促使学习者形成系统化的知识与技能的问题，已成为课程开发必须解决的重要问题。

碎片化学习必须要有系统化的设计作为保障。课程开发如何满足学习者碎片化学习的要求？这需要课程开发团队进行思考与精心设计。从系统设计的角度，可以将碎片化学习视为一个项目以进行系统化设计，进而实现对学习者碎片化学习过程的系统综合。教师应该遵循"讲好一门课程→开发一门课程→设计一个学习项目"的教育教学过程，逐渐成为学习项目的设计师，有效地引领学生的学习过程。学习项目化设计正在被越来越多的教师所接受，例如，目前我国高等教育正在实施的产教融合，就是以产业的项目为依托，学校、企业共同设计学习项目，协同进行创新创业人才培养的一种模式。

在课程开发中，选择一个项目（这个项目是合作企业的真实项目）是非常重要的。如果项目还不具备学习所需的要素与内涵，即还不具备学习项目的意义，就需要针对所选的项目进行系统设计（这个设计包括对项目的规划、设计、开发、实施和评价等一系列环节），从教育教学的角度让项目变成学习者学习的载体。对于一个企业，其可能存在许多这样相对独立的、碎片化的项目，正是这些项目构成了企业系统化的生产过程。企业的系统化生产过程需要各种各样的知识、技术、管理等方面的协调、配合才能完成。课程碎片化学习设计的基本过程如图4-3所示。

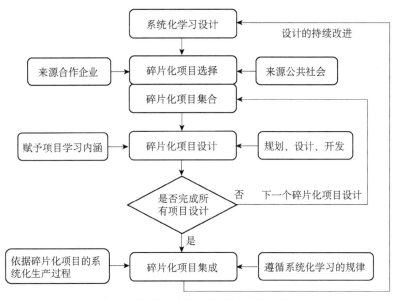

图4-3　课程碎片化学习设计的基本过程

由图4-3可见，课程碎片化学习设计是在碎片化项目的基础上建立的一种新的课程开发模式，这种课程开发紧贴企业的生产过程，其所培养出来的人才更加贴近工程实际，对培养学生的工程兴趣、工程思维、工程技能等都具有重要的现实意义。

四、"学习金字塔"对课程开发的启迪

（一）学习金字塔

学习金字塔是美国缅因州的国家训练实验室的研究成果，是由美国著名学习专家爱德加·戴尔（Edgar Dale）于1946年首先提出的，其主要思想是，采用不同学习方式，学习者在两周以后还能记住的学习内容（平均学习保持率）的多少也是不同的。[①]这是现代学习理论的重要组成部分。

学习金字塔可用图4-4表示，其中列举了单纯讲授、阅读、视听结合、示范、分组研讨、实践训练、教授他人几种学习方式的学习效果保有率。

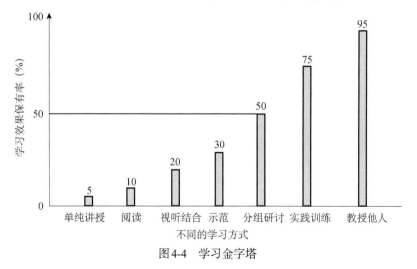

图4-4 学习金字塔

1）单纯讲授的学习。单纯讲授的学习方式最差，学习效果保有率只有5%。也就是说，采用这种学习方式的学习者只是单向、被动地听教师讲，没有丝毫的学习主动性。

---

① 段烨.2015.学习设计与课程开发.北京：电子工业出版社.

2）阅读的学习。阅读比单纯讲授的学习方式效率要高一倍，其学习效果保有率可达到10%。这种学习方式是指学习者通过自我阅读的方式进行学习，学习者具有一定的学习参与性与主动性。

3）视听结合的学习。学习者利用人体最重要的两种感官，即视觉和听觉对学习情景进行感知，既可以看到教师的讲课画面（如老师播放教学PPT、老师的肢体动作等），又可以听到学习情景中的声音（如老师讲课的声音、视频类教学案例的声音等），学习者在画面与声音的共同作用下，可使学习效果保有率达到20%。

4）示范学习。它主要是以老师的示范动作为主的一种引导式学习，如老师利用实物、模型进行一些操作示范，这一过程可以直接激发学生的学习兴趣，但学生总体上还是处于被动的参与、机械模仿阶段，整体学习效果保有率为30%。

5）分组研讨学习。这是现代社会大力倡导的一种学习方式，但是这种方式的教学班级的学生数一般以不超过30人为宜。在高等教育普及化的今天，要严格实施分组研讨学习，还有许多问题需要解决。不可否认，分组研讨学习是一种学习效果较好的方式，其学习效果保有率可达50%。分组研讨学习以学习者为中心，在这种学习方式中，学习者可以自由讨论和交流各自对学习的认识，可以相互学习、相互启迪、共同进步，由此，学习者的参与度与主动性得到充分发挥。

6）实践训练学习。这实际上就是"干中学，学中干"。这种学习方式使得学习者成为真正的学习主体。在实践训练学习中，学习者需要自己设计学习方案，并亲自进行实践训练操作等，这些都会促进学习者有效地应用所学知识，从而提高学习效果，其学习效果保有率可达75%。随着计算机、信息技术、虚拟仿真技术的发展，虚拟现实的实践训练学习正在不断地被应用到学习中，极大地增强了学习者对学习的感知体验，丰富了学习者的学习内涵。

7）教授他人的学习。这是一种最高境界的学习，其学习效果保有率可达95%。在这种学习方式中，学习者要把所学知识教授他人，首先自己必须要充分地掌握这些知识，并能够对这些知识加以深刻理解、灵活运用，使自己成为一名教师。事实上，教师本身就是一个学习者，在教授他人之前必须完成相应的学习，在这一学习过程中通过对知识的重新构建，不断充实自己、提升自己、拓展自己，从而实现从"学习者"到"教师"的蜕变。

（二）学习金字塔对课程开发的启迪

通过上面对学习金字塔的解析，我们可以清楚地看到课程的开发是为了学生的学习，在学生的学习过程中，有许许多多的学习方式，教师如何在课程开发环节设计出最有效的学习方式是至关重要的。

首先，课程教学方法对学习效果有重要影响。教学方法就是促进学习的工具，学习金字塔理念为我们了解工具、掌握工具、运用工具提供了思想指导。

其次，学习是学习者的事，教师不能替代，只能引导。教师要设计各种学习情景，目的就是提高学习者的参与性与主动性。

再次，设计好学习过程的兴趣点。兴趣是学习的动力源，学生只有产生了兴趣，才能主动学习下去，要在课程开发中挖掘学生学习的兴趣点。

最后，学习金字塔理念指出，学习效果保有率在30%以下的都是被动学习，被动学习不能全面调动学习者的参与度与主动性；学习效果保有率在50%以上的都是团队学习，这类学习者都是主动参与、积极学习。[①]这充分说明课程教学的目标之一就是培养学习者良好的学习习惯，让学生积极、主动学习，最终达到学会学习。

上述几点启迪对于课程开发与学习设计具有一定的指导意义。

第三节　课程开发案例

本节将以国家级一流本科线上课程"安全风险分析与模拟仿真技术"为例介绍课程的开发与应用过程。

---

① 段烨.2015.学习设计与课程开发.北京：电子工业出版社.

一、课程定位与简介

（一）课程定位

课程定位是课程开发首先需要解决的问题，为此，课程开发团队深入企业、社区、生产现场，开展了系统的"安全风险分析与模拟仿真技术"的需求调查。

调查表明，安全是人类生存的基本保障，在学习、生活、生产过程中，安全风险无处不在，如在上班途中可能遇到交通事故，在乘坐公共场所的扶梯时可能发生摔倒、踩踏风险，在家使用燃气灶时可能发生火灾、中毒风险，在生产过程中可能存在触电、高空坠落等风险。如何识别危险、把控风险、保障安全，是每一个人都面临且需要解决的问题，风险已被越来越多的人所认知，风险意识正成为人们生活的常态意识。"安全风险分析与模拟仿真技术"课程的开发、建设与开课，对于增强全民的安全意识、提升其防范风险能力具有重大的现实意义。

因此，课程的定位是：面向在校大学生以及从事安全风险评估的安全管理人员、一线安全员、政府安全监督与应急管理部门人员等社会人员，培养人们从事社会活动所应具备的基本安全素养（风险意识、风险思维及风险分析）。

（二）课程简介

"安全风险分析与模拟仿真技术"课程将突出安全风险的理念，提升学习者的风险意识，帮助学习者建立风险思维与风险分析，引导学习者应用计算机辅助技术进行安全风险分析和评估，同时通过工程实例的应用训练，加深学习者对课程的理解与把握。

该课程通过介绍计算机辅助风险分析理论、事故发生概率和后果模拟计算的安全风险评估，以及计算机辅助事故应急疏散的风险评估等知识，使学习者全面了解风险分析的前沿发展现状和趋势，培养学习者对风险模拟仿真技术与风险分析理论的应用能力，并基于现代计算机、信息模拟和仿真工具，使学习者对复杂的安全工程风险问题进行预测和分析。

截至2022年底，该课程已在爱课程网站平台上开课11次，得到了高校学生与从事安全风险管理相关社会人员的认可，他们积极参与了课程的线上、线下学习。通过本课程的学习，学习者的安全风险分析思维得到了训练，掌握了基本的风险分析与模拟仿真方法与技术，为解决复杂安全工程风险问题奠定了基础。该课程取得了人才培养与服务社会发展的双重效益，获得了国家级一流本科线上课程的荣誉，如图4-5所示。

图4-5 "安全风险分析与模拟仿真技术"课程获得国家级一流本科线上课程的荣誉

（三）课程开发的形式

该课程以线上开放课程的形式进行开发，开发平台为爱课程网站的中国大学MOOC平台，如图4-6所示。

图4-6 "安全风险分析与模拟仿真技术"课程在爱课程网站的中国大学MOOC平台上开发

二、课程的架构开发设计

课程架构是课程开发的核心，是后续课程开发与实施的指导性纲领。

（一）"安全风险分析与模拟仿真技术"课程的架构设计路径

课程的架构是课程的内在规律与外在形式的统一。课程的内在规律就是课程内涵的价值与意义，只有当课程的内涵具有一定的价值与意义时才能被学习者接受。而课程的外在形式（主要是载体与形式、视听效果、学习路径等）能够对学习者的感官产生综合作用，激发学习者的学习兴趣、学习热情，使学习者在自己喜爱的课程形式中愉悦学习。课程架构的设计路径如图4-7所示。

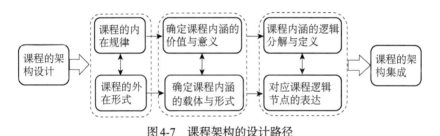

图4-7　课程架构的设计路径

（二）"安全风险分析与模拟仿真技术"课程的架构

"安全风险分析与模拟仿真技术"课程的架构由8个一级逻辑节点、30个二级逻辑节点、58个三级逻辑节点构成，其逻辑架构如图4-8所示，其中各符号的意义如下。

课程架构的一级逻辑节点用Ⅰ—Ⅷ表示，其中，Ⅰ指概述，Ⅱ指计算机辅助事故树分析（fault tree analysis，FTA），Ⅲ指计算机辅助HAZOP[①]分析，Ⅳ指计算机辅助事故概率评估，Ⅴ指计算机辅助泄漏事故后果评估，Ⅵ指计算机辅助火灾事故后果评估，Ⅶ指计算机辅助事故疏散评估，Ⅷ指计算机辅助风险分析工程应用。

---

① HAZOP（hazard and operability analysis）是指危险与可操作性分析，是英国帝国化学工业公司蒙德分部于20世纪60年代发展起来的以引导词为核心的系统危险分析方法。

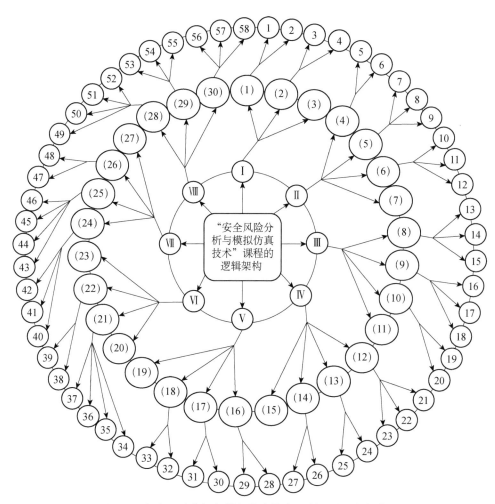

图4-8　"安全风险分析与模拟仿真技术"课程的逻辑架构图

课程架构的二级逻辑节点用（1）—（30）表示，其中，（1）指安全与风险，（2）指计算机辅助风险分析技术，（3）指课外训练拓展，（4）指事故树分析基础，（5）指事故树分析方法，（6）指计算机辅助事故树分析及应用，（7）指上机实验拓展，（8）指HAZOP分析基础，（9）指HAZOP分析方法简介，（10）指计算机辅助HAZOP分析，（11）指课外训练拓展，（12）指事故概率计算模型，（13）指计算机辅助事故概率计算基础，（14）指计算机辅助事故概率评估及应用，（15）指课外训练拓展，（16）指泄漏事故后果计算模型，（17）指计算机辅助泄漏事故后果计算基础,（18）指计算机辅助事故泄漏后果评估,（19）指课外训练拓展,（20）指火灾事故后果计算模型,（21）指计算机辅助火灾事故后果计算基础,（22）指计算机辅助火灾事故后果分析,（23）指课外训练拓展,（24）指事故疏散计算模型,（25）指计算机辅助事故疏散计算基础,（26）指计算机辅助事故疏散评估及应用,（27）指课外训练拓展,（28）指基于蒙特卡罗模拟的分布式光伏电站运行风险评估,（29）指基于ALOHA①模拟的罐区安全监测布点分析,（30）指基于FDS②的火灾烟气危害评价HTV③模型。

课程架构的三级逻辑节点用1—58表示,其中,1指安全,2指风险,3指安全生产的信息化技术,4指安全风险分析的信息化,5指事故树分析概述,6指事故树的结构函数,7指事故树分析的流程,8指事故树分析的注意事项,9指事故树的结果分析,10指计算机辅助事故树分析方法简介,11指计算机辅助建树,12指求解和分析,13指HAZOP基本理念,14指HAZOP特点,15指HAZOP引导词和分析术语,16指HAZOP分析流程,17指常用HAZOP分析的工艺参数,18指HAZOP分析实例,19指计算机辅助HAZOP分析方法,20指计算机辅助HAZOP分析应用实例,21指蒙特卡罗法的原理,22指取样方法,23指案例分析,24指随机数,25指概率分布,26指计算机辅助事故概率评估方法,27指计算机辅助事故风险评估实例分析,28指泄漏的特点,29指泄漏的量,30指液体的扩散,31指气团在大气中的扩散,32指计算机辅助事故泄漏评估方法,33指计算机辅助事故泄漏后果实例分析,34指池火的计算,35指BLEVE④火球的计算,36指闪火的计算,37指喷射火的计算,38指计算机辅助火灾事故后果分析方法,39指计算机辅助火灾事故实例分析,40指人员流动的基本特点,41指基于流体运动学的人员疏散模型,42指基于人群扰动的人员疏散模型,43指疏散路线,44指疏散出口,45指疏散距离,46指安全疏散验证标准,47指计算机辅助事故疏散分析方法,48指计算机辅助事故疏散实例分析,49指

---

① ALOHA（Areal Locations of Hazardous Atmospheres）是指有害大气空中定位,是由美国环保署化学制品突发事件和预备办公室、美国国家海洋和大气管理响应和恢复办公室共同开发的应用程序,被广泛用于化学领域紧急情况的规划和应对。

② FDS（fire dynamics simulator）是指火灾动力学模拟,由美国国家标准技术局开发,是计算流体力学的一种模型。

③ HTV（hert toxicity visibility）是指毒性可见度。

④ BLEVE（boiling liquid expanding vapor explosion）是指沸腾液体扩展蒸汽云爆炸。

背景介绍，50指动态风险评估指标体系建立，51指监测大数据预处理和分析模拟计算，52指模拟结果与风险分析，53指背景介绍，54指氯乙烯储罐泄漏事故模拟与分析，55指基于模拟结果的储罐区安全监测布点分析，56指背景介绍，57指事故场景火灾数值模拟，58指模拟结果与分析。

三、课程教学大纲的设计编写

课程教学大纲是课程建设与开发的纲领，必须充分体现课程在人才培养中的作用与要求。因此，"安全风险分析与模拟仿真技术"课程教学大纲的设计编写首先应满足工程教育认证标准对专业的毕业要求，其次应符合《普通高等学校本科专业类教学质量国家标准》对课程的要求，最后应满足本专业人才培养的特色与服务社会的需求。

"安全风险分析与模拟仿真技术"课程教学大纲的设计编写如下。

"安全风险分析与模拟仿真技术"课程教学大纲

1. 课程基本情况

课程的基本情况见表4-2。

表4-2 "安全风险分析与模拟仿真技术"课程的基本情况

课程名称	中文	安全风险分析与模拟仿真技术		
	英文	Security Risk Analysis and Simulation Technology		
课程编码	36034041	开课学院	安全科学与工程学院	撰写、修改时间	2013年9月；2014年6月；2015年11月；2017年12月；2019年8月；2022年6月
课程性质	专业课	学分	2	学时	32
先修课程	系统安全工程	工程流体力学		大学计算机基础
先修课程代码	36020041	3630063		40171-2#
适用专业	安全工程等相关专业			
选用教材	《安全风险分析与模拟仿真技术》，科学出版社，2018			
撰写人		审定人		批准人	

2. 课程支撑的毕业要求

（1）支撑工程教育认证标准的第2条毕业要求中的第2个指标点：能够识别、表达安全工程问题，分析问题风险。

（2）支撑工程教育认证标准的第5条毕业要求中的第2个指标点：能够使用计算机模拟仿真工具计算、模拟和预测复杂安全问题。

3. 课程的教学目标

根据课程的支撑作用，课程教学目标如下。

（1）课程目标1：培养学生掌握模拟仿真技术与风险分析理论，并识别、表达和分析复杂安全工程问题。

（2）课程目标2：培养学生应用现代计算机模拟和仿真工具，对复杂的安全工程问题进行模拟预测和风险分析。

4. 毕业要求指标点与课程目标的对应关系

毕业要求指标点与课程目标的对应关系见表4-3。

表 4-3　毕业要求指标点与课程目标的对应关系

毕业要求	毕业要求指标点	课程目标
毕业要求2	对应指标2.2	支撑课程目标1
毕业要求5	对应指标5.2	支撑课程目标2

5. 教学基本内容

课程以"模拟与仿真基础知识的学习与积累→计算机仿真应用→风险分析综合能力形成"为教学指导思想，注重培养学生实际动手解决问题的能力，并要求学生能基于计算机模拟和仿真结果对复杂的安全工程问题进行模拟预测和风险分析。

第1章　概述（支撑课程目标1）

（1）基本内容：本章主要介绍安全、风险的概念，使学生正确理解安全、风险的意义，掌握它们之间的关系，了解常用的安全风险模拟与仿真技术，为预知风险、把控风险、保障安全提供理论指导。

（2）基本要求：掌握系统安全分析思想，了解模拟仿真现代工具。

（3）重点：安全的概念和系统安全分析的思想。

第2章 计算机辅助事故树分析（支撑课程目标2）

（1）基本内容：本章将介绍事故树分析法，事故树分析也叫故障树分析或事故逻辑分析，是一种演绎分析方法。将计算机辅助技术引入分析之中，扩展了事故树分析方法的内涵。

（2）基本要求：掌握计算机辅助事故树分析方法，理解采用计算机辅助事故树分析方法及其复杂安全工程问题的分析与应用。

（3）重点：计算机辅助事故树分析方法及工程应用。

第3章 计算机辅助HAZOP分析（支撑课程目标2）

（1）基本内容：本章主要介绍HAZOP分析，主要适用于连续性生产系统的安全分析与控制，通过计算机辅助HAZOP分析，使分析程序规范、条理清晰。

（2）基本要求：掌握计算机辅助HAZOP分析方法，理解采用计算机辅助HAZOP分析方法及其复杂安全工程问题的分析与应用。

（3）重点：计算机辅助HAZOP分析方法及工程应用。

第4章 计算机辅助事故概率评估（支撑课程目标2）

（1）基本内容：本章主要介绍根据事故基本因素的发生概率，应用概率分析方法，求解整个系统事故的发生概率。计算机辅助事故概率评估在计算机上进行实验，根据实际问题的环境条件建立模型进行系统的事故概率计算与评估，并借助模拟分析的结果进行风险预测。

（2）基本要求：掌握不确定概率的计算方法，理解计算机辅助事故概率计算方法及其对复杂安全工程问题的分析与应用。

（3）重点：计算机辅助事故概率计算方法及工程应用。

第5章 计算机辅助泄漏事故后果评估（支撑课程目标2）

（1）基本内容：本章主要介绍易燃或有毒物质泄漏后火灾、爆炸、中毒事故的后果大小与扩散模式，泄漏的特点和量的计算模型，液体和气团的扩散及模型，计算机辅助事故泄漏评估方法及其对复杂安全工程问题的分析与应用。

（2）基本要求：掌握事故泄漏的特点和计算模型，理解计算机辅助事故泄漏后果计算方法及其对复杂安全工程问题的分析与应用。

（3）重点：计算机辅助事故泄漏后果计算方法及工程应用。

第6章　计算机辅助火灾事故后果评估（支撑课程目标2）

（1）基本内容：本章主要介绍火灾事故后果计算模型，池火、BLEVE火球、闪火、喷射火事故特征与计算，计算机辅助火灾事故后果评估方法及其对复杂安全工程问题的分析与应用。

（2）基本要求：掌握火灾事故的特点和计算模型，理解计算机辅助火灾事故后果计算方法及其对复杂安全工程问题的分析与应用。

（3）重点：计算机辅助火灾事故后果计算方法及工程应用。

第7章　计算机辅助事故疏散评估（支撑课程目标2）

（1）基本内容：本章主要介绍事故疏散计算模型，建立和设置人员及路线、出口、距离等相应的计算模型和参数，进行计算机辅助事故疏散模拟计算，可以预测和评估分析对象的疏散风险，掌握计算机辅助事故疏散评估方法及其对复杂安全工程问题的分析与应用。

（2）基本要求：掌握事故疏散的特点和计算模型，理解计算机辅助事故疏散计算方法及其对复杂安全工程问题的分析与应用。

（3）重点：计算机辅助事故疏散计算方法及工程应用。

第8章　计算机辅助风险分析工程应用（支撑课程目标1）

（1）基本内容：本章主要介绍安全工程问题对计算机技术的需求，数值仿真技术给风险分析提供的数据支撑，基于模拟仿真技术的复杂安全工程问题安全风险分析。

（2）基本要求：掌握模拟仿真技术对风险分析的数值支撑，理解基于模拟仿真技术的复杂安全工程问题安全风险分析。

（3）重点：基于模拟仿真技术的复杂安全工程问题安全风险分析。

6. 教学进度与学时分配

课程的教学进度与学时分配参见表4-4。

表 4-4 "安全风险分析与模拟仿真技术"课程的教学进度与学时分配

教学内容	讲课（学时）	实验（学时）	上机（学时）	合计（学时）
第1章 概述	2			2
第2章 计算机辅助事故树分析	2		2	4
第3章 计算机辅助HAZOP分析	2		2	4
第4章 计算机辅助事故概率评估	2		2	4
第5章 计算机辅助泄漏事故后果评估	2		2	4
第6章 计算机辅助火灾事故后果评估	2		4	6
第7章 计算机辅助事故疏散评估	2		4	6
第8章 计算机辅助风险分析工程应用	2			2
合计	16		16	32

7. 考核及成绩评定方式

课程考核由教学过程考核和课程结束考核两部分组成。

（1）教学过程考核：包括每章的在线课程自主学习与单元作业、上机表现、参与探究式课堂教学成果总结，占总成绩的30%。

（2）课程结束考核：该课程为专业课程，教师可以根据学生学习情况采取灵活方式进行考核，可以采用线上和线下相结合的方式进行考核，占总成绩的70%。

课程的考核组成方式参见图4-9。

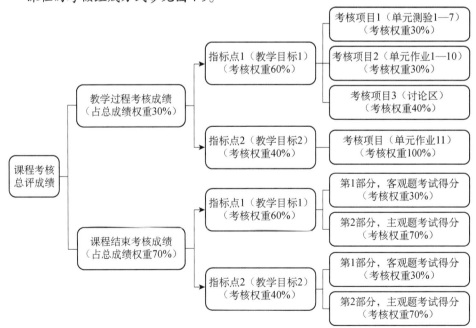

图4-9 "安全风险分析与模拟仿真技术"课程的考核组成方式

8. 参考书目

[1] 陈国明, 徐长航. 2008. 安全工程信息化技术概论. 东营: 中国石油大学出版社.

[2] Ross S M. 2007. 统计模拟（英文版·第4版）. 北京: 人民邮电出版社.

[3] 罗云. 2010. 风险分析与安全评价（第二版）. 北京: 化学工业出版社.

[4] Vose D. 2008. 风险分析（第二版）. 郑增忍, 李明, 陈茂盛译. 北京: 中国农业出版社.

[5] 刘茂. 2011. 事故风险分析理论与方法. 北京: 北京大学出版社.

[6] 陶履彬, 李永盛, 冯紫良等. 2006. 工程风险分析理论与实践——上海崇明越江通道工程风险分析. 上海: 同济大学出版社.

[7] 詹姆斯·R. 埃文斯, 戴维·L. 奥尔森. 2001. 模拟与风险分析. 洪锡熙译. 上海: 上海人民出版社.

[8] 陆垂裕. 2010. 复杂水环境系统数值模拟及其风险分析. 北京: 中国水利水电出版社.

[9] https://www.mem.gov.cn/ 中华人民共和国应急管理部.

[10] http://www.securitycn.net/ 中国安全网.

[11] https://www.china-safety.org.cn/client/index.html 中国安全生产协会网.

[12] http://www.aqyf.net.cn 安全与法网.

四、课程资源的设计与开发

课程资源是课程的基础，是课程内涵的外在表现。依据"安全风险分析与模拟仿真技术"课程的逻辑架构、课程教学大纲，课程团队进行了系统的课程资源设计与开发。

（一）课程教材的设计与开发

1. 教材设计与开发的相关背景

"安全风险分析与模拟仿真技术"是在安全风险分析理论与方法的基础上，将计算机模拟仿真技术融入安全风险分析、预测与管理而形成的一门课程。它通过对事故树、HAZOP等风险分析方法的计算机模拟仿真软件化，以及对蒙特卡罗模拟计算和连续系统事故后果计算法等的应用，提高了安全风险分析方法的效率与可靠性，为人们在活动过程中预知风险、把控风险、保障安全提供了支撑。

《安全风险分析与模拟仿真技术》教材以学生为中心、以成果为导向，按照工程教育认证标准，根据课程对安全工程专业学生的毕业要求，围绕课程教学目标、学生能力培养与课程教学方法等开展积极的教学研究与改革，如"安全风险分析与模拟仿真技术"课程跟进式教学设计的研究，分解提炼出课程的教学要点、学生必须把握的知识点、课程实训必须培养的技能等，有效地促进了课程教材建设，提高了课程的质量，促进了安全工程专业的人才培养。

该教材基于对安全与风险相互关系的分析，结合模拟仿真技术在安全风险分析中的应用，从计算机辅助安全分析与评价、事故概率和后果计算，以及计算机辅助事故疏散模拟三个方面呈现了计算机辅助安全风险分析技术与方法。

首先，在计算机辅助安全分析与评价方面，计算机具有速度快、精度高、容量大等特点，可克服传统安全分析与评价方法在安全分析与评价过程中处理样本少、方法简单、规范性差、效率低、过于依赖专家经验等方面的不足，通过将计算机技术和传统安全分析与评价方法的结合，形成了计算机辅助安全分析与评价方法。

其次，在事故概率和后果计算方面，由于安全事故的破坏性，研究者对于安全事故进行实验非常困难，但是借助计算机模拟仿真技术能够建立模拟仿真事故发生、发展过程的动态模型，从而对事故发生机理、预防和控制技术等进行研究。

最后，在计算机辅助事故疏散模拟方面，事故后应急疏散技术是事故发生后保证人员生命安全的重要技术。应用计算机模拟仿真技术，可以建立智能的人员紧急疏散逃生评估与推演系统，借助计算机图形仿真和游戏角色领域的技术，对多个群体中的每个个体的运动都进行图形化的虚拟演练，从而可以准确地确定每个个体在灾难发生时的最佳逃生路径和逃生时间，以及不同区域人员的疏散时间等。

该教材是在课程团队多年教学和科研的基础上，结合近年来安全工程技术迅速发展的状况，为满足广大技术人员和管理人员进行知识更新的需要而编写的。课程团队在编写过程中，力求将基本理论、分析方法与具体的安全工程问题相结合，既注意提高安全管理理论水平，又注重解决实际问题，在对理论和分析方法的阐述中强调了实用性和可操作性，在风格上力求简明性和趣味性，在表述上力求深入浅出，语言简单明了，案例生动有趣。

在课程教学过程中，为科学地使用教材，课程团队采用了"讨论-启发"式教学，结合翻转课堂、在线学习等方式，充分发挥教师的引导作用，开展积极的课堂交流、情景化教学等，提高了课堂教学效率，同时注重学生利用教材进行自主学习，充分发挥在线课程（课程网站）的优势，多方位、多角度地开展教学活动，对学生综合素质的培养发挥了积极的作用。

"安全风险分析与模拟仿真技术"课程得到了学生的充分认可，常州大学安全工程专业的毕业论文显示，学生使用数值仿真和模拟技术来辅助解决安全工程领域的工程问题意识增强，能力有所提高，风险分析结果的定量化程度不断提升。常州大学安全工程专业的毕业生普遍反映，该课程（教材）对他们在工作中解决实际安全问题很有帮助，使他们在解决安全问题的过程中有明确的思维方向，能够选择合适的解决方法。

由于有效的教育教学改革与人才培养成效，笔者获得了全国优秀教师、首届全国教材先进个人称号，课程获得了高等教育国家级教学成果奖一等奖、江苏省高等教育教学成果奖特等奖、国家级一流本科课程等荣誉，为课程教材的编写奠定了良好的基础。

教材编写得到了科学出版社的大力支持和帮助，还得到了江苏省高校品牌专业建设工程一期项目（PPZY2015B154）、江苏省高等教育教改研究重点项目（2017 JSJG26）的资助。

2. 教材内容简介

安全是人类生存的基本保障，生活、生产中安全风险无处不在。如何预知风险、把控风险、保障安全是教材的核心问题。《安全风险分析与模拟仿真技术》教材运用系统安全工程、风险管理、安全心理与行为学等学科的基本原理、方法，结合计算机辅助分析技术，探讨了安全生产与风险的关系问题，揭示了安全生产过程中的风险规律，从风险管理的角度分析、预测和引导安全生产。

该教材从安全与风险的概述出发，引导学生学习风险评价的基本理论与方法、计算机辅助风险分析与模拟仿真技术,通过应用现代计算机模拟仿真工具,并基于工程应用实例,对复杂的安全工程问题进行风险预测与分析。

该教材共8章,分别为概述、计算机辅助事故树分析、计算机辅助HAZOP分析、计算机辅助事故概率评估、计算机辅助泄漏事故后果评估、计算机辅助火灾事故后果评估、计算机辅助事故疏散评估、计算机辅助风险分析工程应用。

该教材可以作为高等院校安全工程、消防工程、安全管理工程等专业的教学用书,也可供企业的安全和技术管理人员参考,也适合企业安全管理培训用书,还可作为安全科学与工程专业研究生的辅助教材。

3. 教材的编写与出版

该教材经历了由讲义到出版的过程,为保证教材的质量,课程团队通过各种渠道,广泛听取学生、同行专家、社会教材使用者的意见与建议,并在课程教学过程中对教材讲义进行了多轮的修改与完善,最终在2018年1月由科学出版社出版,参见图4-10。

图4-10 《安全风险分析与模拟仿真技术》教材(科学出版社出版)

(二)课程教学视频的设计与开发

课程教学视频的设计与开发本着以关键知识点为核心的原则,以微视频的形式对课程内涵进行了碎片化解析,再通过综合成关键知识点,最终以关键知识点为节点形成课程的逻辑关联体系。

课程团队以每个关键知识点为核心进行课程教学微视频的设计、开发与拍摄，每个课程教学微视频控制时长为15—20分钟。课程教学视频由28个微视频组成，课程视频时长共计440分钟，如表4-5所示。

表 4-5 "安全风险分析与模拟仿真技术"课程的微视频资源

序号	以关键知识点为核心的课程微视频	时长（分钟）
1	安全与风险	15
2	安全分析与模拟仿真技术概述	15
3	事故树分析基础	15
4	事故树分析方法	15
5	计算机辅助事故树风险分析与应用	15
6	Fault Tree+软件应用	15
7	HAZOP分析基础	10
8	HAZOP分析方法简介	20
9	HAZOP风险分析与应用案例	15
10	计算机辅助风险分析——HAZOP+软件应用	15
11	事故概率计算模型	15
12	事故发生概率分析	20
13	风险概率软件计算基础	15
14	Crystal Ball软件应用（单元设置、参数分布、模拟计算、风险分析）	15
15	泄漏事故后果计算模型	15
16	事故后果分析计算	20
17	事故后果计算软件模拟基础	15
18	FDS软件应用（事故场景、参数设置、模拟计算、后果分析）	20
19	火灾事故后果计算模型	15
20	火灾事故后果计算基础（池火、BLEVE火球、闪火、喷射火）	15
21	计算机辅助火灾事故后果分析与模拟仿真案例	15
22	事故疏散计算模型	20
23	计算机辅助事故疏散计算基础	15
24	计算机辅助事故疏散评估与应用	15
25	计算机辅助风险分析与模拟仿真技术概述	15
26	基于蒙特卡罗模拟的分布式光伏电站运行风险评估	15
27	基于ALOHA模拟的罐区安全监测布点分析	15
28	基于FDS的火灾烟气危害评价HTV模型	15
	合计	440

（三）课程其他资源的设计与开发

课程其他资源的设计与开发主要是利用爱课程网站的在线方式进行的，有利于学习者不受时间与空间的限制而灵活学习。课程的其他资源主要包括如下几类。

1. 文档参考资料

文档参考资料是课程重要的补充学习资源，也是最简单的资源形式。课程团队围绕课程的教学目标，为满足学习者在线拓展学习的需要，进行了相关文档参考资料的收集、遴选与组合工作，同时也自编了一些文档案例等资料，在爱课程网站上形成了较为系统的文档参考资料体系，截至2022年底已开发文档参考资料78个，主要有如下几种类型。

（1）参考教材类文档资料

除课程教材外，爱课程网站上还提供了一些相近的出版物作为补充参考资料，以强化教材的内涵并扩展其范围。

（2）期刊类文档资料

这类文档资料能够展现课程的最新发展趋势，对学习者的思维、视野可发挥引导、开阔作用。

（3）相关网站、图书馆的链接开发

相关网站、图书馆的链接可以极大地丰富课程的参考资料来源，有利于学习者更便利地进行学习，但有些网站、图书馆的使用可能需要付费。

（4）自编类参考文档资料

自编参考文档更能显示课程的自身特色，通过把研究成果、调查案例、学习者的学习经验、教师的教学反思等编写成文档，并与学习者共享，可以使课程学习更加有效。

（5）其他类文档资料

随着课程的建设与开发，相应的参考文档资料可以不断地被扩充进来，以不断拓展课程的内涵与外延。

2. 课程的作业、习题资源

为了帮助学习者有效学习，必须建有完善的作业、习题库，以使学习者可以利用这些作业、习题资源进行引导性学习。作业、习题主要有客观与主观两种类型，学习者在线上做题时，系统会随机从作业、习题库中抽取相应试题。

客观作业、习题类型主要有选择题、填空题、对错题、问答题等类型，截至2022年底，课程团队已开发了由157道题目组成的客观作业、习题库。主观作业、习题类型主要有思考题、案例题、探讨题、反思题、项目题等类型，课程团队已开发了由148道题目组成的主观作业、习题库。

3. 课程讨论区的开发

爱课程平台的课程网站上有一个讨论区平台，这对于师生、生生之间就课程内容进行对话、交流与探讨具有极大的引导意义。

如何充分利用讨论区引导学生对课程进行思考，并据此拓展课程，是课程开发的一项重要内容。课程团队从讨论题的设计、讨论的方式、讨论的展开、讨论的引申等方面进行了精心设计，并在课程教学过程中积极实施讨论式教学，深受学生的欢迎，取得了良好的学习效果。

4. 测验和试题资源

测验和试题资源的设计与开发目的是考查学生对课程的学习效果。考虑到课程学习者的身份可能不同，如在校大学生、在职人员、其他社会人员，课程团队开发了针对不同身份的课程学习者的测验和试题资源库，主要有在校大学生学习测验和试题资源库、在职人员学习测验和试题资源库、其他社会人员学习测验和试题资源库。

5. 其他的课程拓展资料开发

随着课程教学的深入，课程团队会不断地发现新的问题，并根据这些问题进行课程拓展资料的开发与建设，如新兴的创新创业教育课程需要不断拓展学习者的创新创业思维与能力等。

第四节　课程评价案例

　　培养学生解决复杂安全工程问题的能力是安全工程专业教学的核心，因此如何评价课程教学对培养学生解决复杂安全工程问题能力的支撑作用成为课程评价的重点。我们以培养学生解决复杂安全工程问题能力的效果作为课程评价的目标，进行了相应的课程评价实践。

一、课程评价的问题引入

　　现代信息技术不断促进高等教育方式和评价方法的改革与发展。在线学习已成为一种重要的教学方式，各高校利用各种课程平台，如爱课程、中国好大学、学堂在线、超星尔雅、智慧树等网络课程平台建立具有各自特色的线上课程，为在线学习提供了大量线上教学资源，对大学生群体的学习习惯及综合能力的培养发挥了积极的作用。在学生能力培养中，解决复杂工程问题（complex engineering problem）能力的培养是本科工程教育的基本定位。《工程教育认证标准》中对"复杂工程问题"进行了完整的定义，即复杂工程问题是指必须运用深入的工程原理，经过分析才能得到解决的问题，同时具备下述特征的部分或全部：①涉及多方面的技术、工程和其他因素，并可能相互有一定的冲突；②需要通过建立合适的抽象模型才能解决，在建模过程中需要体现出创造性；③不是仅靠常用方法就可以完全解决的；④问题中涉及的因素可能没有完全包括在专业工程实践的标准和规范中；⑤问题相关各方利益不完全一致；⑥具有较高的综合性，包括多个相互关

联的子问题。^①

截至2021年1月，我国已有40所高校的安全工程专业通过了工程教育认证。而基于我国65所学校抽样调查和34所学校实地考察发现，安全工程专业人才能力培养效果仍存在这样那样的问题。^②部分学校的安全工程专业毕业生解决复杂工程问题的能力还达不到社会的需要。随着信息化技术的广泛应用，在线课程、虚拟现实等资源在促进应用型人才及其工程问题解决能力的培养方面正发挥着越来越重要的积极作用，采用线上线下混合式教学模式培养学生解决复杂工程问题能力是高校面临的新挑战。我们基于对学生线上学习和成长规律的分析，探索了线上线下混合式能力培养方法及教学评价体系，以期有效提升学生解决复杂安全工程问题的能力。

二、线上线下混合式课程教学的评价体系

（一）"互联网+"信息技术促进解决复杂安全工程问题能力培养方式的改革与创新

"互联网+"信息技术在高等教育中的应用，极大地促进了学生综合能力培养方式的改革与创新，具体表现出如下特点。

1. 综合能力培养手段的多样性

在"互联网+"背景下，学生的成长规律和学习习惯发生了极大的变化，同时产业、行业对安全工程能力的需求也日新月异。要培养安全人才解决复杂工程问题的能力，必须准确挖掘"互联网+"信息技术普及下安全人才能力的社会需求，及时调整人才培养目标、课程体系、质量保障等要素。为此，学生解决复杂安全工程问题能力的培养不再是仅依靠传统的课堂教学和企业实践，其培养手段也逐渐变

---

① 中国工程教育专业认证协会.（2022-07-15）[2023-05-04].工程教育认证通用标准.https://www.ceeaa. org.cn/gcjyzyrzxh/rzcxjbz/gcjyrzbz/tybz/630662/index.html.

② 本处数据出自安全工程专业认证专业委员会的相关统计。

得多样化,如在线课程、工艺及事故案例的虚拟仿真实验实践、安全管理信息系统线上实习等。

2. 能力培养资源的共享

在"互联网+"背景下,资源共享在在线理论课程中已经发挥着越来越重要的作用,虚拟现实技术及事故虚拟仿真实验、安全管理信息系统等实践、实习教学项目的资源共享也已经越来越受到人们的关注。同时,安全工程专业教学研究成果、教学模式、教材、课件等也将实现开放共享。

3. 能力培养效果评估的综合性

以培养和提升安全人才解决复杂工程问题能力为目标,基于安全科学与工程专业的发展趋势、产业行业的安全人才需求、安全人才的培养目标与课程支撑体系等,由线上+线下、过程+期末的综合课程考核组成的针对学生综合能力培养效果的评价体系已经形成,该体系包括线上线下教学对学生安全知识结构建构效果的科学评估、混合教学模式下学生能力培养成效的综合评价等。在"互联网+"背景下,学生能力培养不再是学校单方的责任,已经发展成为学校、政府、企业、社会、家庭等多方协同培养模式,针对解决复杂安全工程问题能力培养的达成情况的评价体系也呈现出复杂性和综合性特征,并且需要有长效的质量保障体系。

(二)解决复杂安全工程问题能力培养的线上线下混合式课程教学评价体系

在"互联网+"背景下,解决复杂安全工程问题能力培养的线上线下混合式教学模式的设计、实施、评价反馈与持续改进评价体系如图4-11所示。

由图4-11可见,解决复杂安全工程问题能力培养达成情况的线上线下混合式课程教学评价体系由课程设计开发、课程教学重点、能力培养要点三个模块组成,评价体系从培养解决复杂安全工程问题综合能力的线上线下混合式教学模式出发,采用"逆向设计"的思维,即根据"解决复杂安全工程问题能力"设计了四个要点(风险感知辨识能力、风险分析评价能力、风险控制设计能力、风险控制管理能力），进而设计出课程教学的四个重点（基础知识结构、安全系统思维、安全方法技能、工程实践应用），最终提出课程设计开发方案（线上线下混合理论课程、虚拟现实+线下实验、3D数值仿真+线下设计、信息系统+线下实习）。在"逆向设计"的基础上，采用"正向实施"的教学过程，即从"知识积累"到"工程训练"最终达到"能力养成"。无论是"逆向设计"过程，还是"正向实施"过程，每个环节都包括评价反馈，并据此围绕培养"解决复杂安全工程问题能力"这一目标进行持续改进。

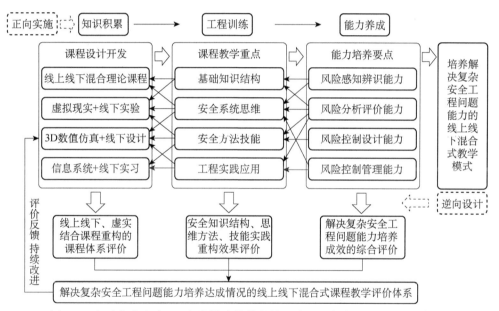

图4-11　解决复杂安全工程问题能力培养的线上线下混合式课程教学评价体系

以线上线下教学资源建设与教学实施相融合的混合式教学模式有力地促进了以能力培养为核心的教育教学方式的改革与创新，实现了"以教为主"向"以学为主"、"以课堂教学为主"向"课内外结合"的转变，为解决复杂安全工程问题能力的培养提供了新的路径。同时，混合式教学模式通过对线上线下学习效果进行综合评价，以促进人才培养质量的持续提升，在对学习效果进行综合评价时，充分考虑线上与线下、课内与课外、现实与虚拟相融合的综合能力培养方式与规律，实现课程评价从"结果评价为主"向"结果与过程相结合评价"转变。

（三）解决复杂安全工程问题能力培养达成情况的线上线下混合式教学评价方法

线上线下、虚实结合课程重构的课程体系评价，安全知识结构、思维方法、技能实践重构效果评价，解决复杂安全工程问题能力培养成效的综合评价三个方面共同构成了解决复杂安全工程问题能力培养达成情况的线上线下混合式教学评价方法。

1. 线上线下、虚实结合课程重构的课程体系评价

"互联网+"背景下，虚实结合的课程主要包括线上线下混合理论课程、虚拟现实+线下实验、3D数值仿真+线下设计、信息系统+线下实习四类课程（图4-11）。

线上线下、虚实结合课程重构的课程体系评价的考核方式主要由线上线下的过程考核和期末考核组成，其考核计算公式如下

$$F_{kc} = \sum w_i u_i \tag{4-1}$$

式中，F_{kc}为课程考核计算结果；w_i为课程第i个考核项的权重，可由专家打分计算得出，或者由课程组教师赋值产生；u_i为课程第i个考核项的得分，包括线上线下的过程考核得分和期末考核得分。

2. 安全知识结构、思维方法、技能实践重构效果评价

根据课程性质的不同，线上线下安全知识结构建构效果可分别从学生的基础知识结构、安全系统思维、安全方法技能、工程实践应用四个方面进行计算（图4-11）。安全知识结构、思维方法、技能实践重构效果评价的考核计算公式如下

$$F_{zsd} = w_{zll}u_{ll} + w_{zsy}u_{sy} \tag{4-2}$$

$$F_{xtsw} = w_{xll}u_{ll} + w_{xsy}u_{sy} + w_{xsj}u_{sj} \tag{4-3}$$

$$F_{czsj} = w_{csy}u_{sy} + w_{csj}u_{sj} \tag{4-4}$$

$$F_{sjyy} = w_{ssj}u_{sj} + w_{ssx}u_{sx} \tag{4-5}$$

式中，F_{zsd}为基础知识结构考核计算结果；w_{zll}为理论课程在基础知识结构计算中的权重；w_{zsy}为实验课程在基础知识结构计算中的权重。F_{xtsw}为安全系统思维考核计算结果；w_{xll}为理论课程在安全系统思维计算中的权重；w_{xsy}为实验课程在安全系统思维计算中的权重；w_{xsj}为设计课程在安全系统思维计算中的权重。F_{czsj}为

安全方法技能考核计算结果；w_{csy} 为实验课程在安全方法技能计算中的权重；w_{csj} 为设计课程在安全方法技能计算中的权重。F_{sjyy} 为工程实践应用考核计算结果；w_{ssj} 为设计课程在工程实践应用计算中的权重；w_{ssx} 为实习课程在工程实践应用计算中的权重。u_{ll} 为被评价学生的理论课程得分；u_{sy} 为被评价学生的实验课程得分；u_{sj} 为被评价学生的设计课程得分；u_{sx} 为被评价学生的实习课程得分。

　　同一类课程在不同安全知识结构单项建构效果考核计算中的权重可能不同。在安全知识结构、思维方法、技能实践重构效果评价的基础知识结构、安全系统思维、安全方法技能、工程实践应用四个方面的考核计算中，各类课程的权重由专家打分计算得出或者由课程组教师赋值产生，通过对比被分析学生这四个方面的得分，找出学生安全知识结构的短板，可为课程资源建设和安全知识结构建构提供反馈和持续改进的依据。

3. 解决复杂安全工程问题能力培养成效的综合评价

　　解决复杂安全工程问题能力培养成效的综合评价包括风险感知辨识能力、风险分析评价能力、风险控制设计能力、风险控制管理能力四个模块，与安全知识结构的对应关系见图4-11。解决复杂安全工程问题能力培养成效的综合评价的考核计算公式如下

$$F_{fx} = w_{fxzsd}F_{zsd} + w_{fxtsw}F_{xtsw} \qquad (4\text{-}6)$$

$$F_{aqfx} = w_{aqxt}F_{xtsw} + w_{aqsj}F_{sjyy} \qquad (4\text{-}7)$$

$$F_{fasj} = w_{facz}F_{czsj} + w_{fasj}F_{sjyy} \qquad (4\text{-}8)$$

$$F_{tcdc} = w_{txt}F_{xtsw} + w_{tsj}F_{sjyy} \qquad (4\text{-}9)$$

式中，F_{fx} 为风险感知辨识能力培养成效计算结果；w_{fxzsd} 为基础知识结构在风险感知辨识能力计算中的权重；w_{fxtsw} 为安全系统思维在风险感知辨识能力计算中的权重。F_{aqfx} 为风险分析评价能力培养成效计算结果；w_{aqxt} 为安全系统思维在风险分析评价能力计算中的权重；w_{aqsj} 为工程实践应用在风险分析评价能力计算中的权重。F_{fasj} 为风险控制设计能力培养成效计算结果；w_{facz} 为安全方法技能在风险控制设计能力计算中的权重；w_{fasj} 为工程实践应用在风险控制设计能力计算中的权重。F_{tcdc} 为风险控制管理能力培养成效计算结果；w_{txt} 为安全系统思维在风险控制管理能力计算中的权重；w_{tsj} 为工程实践应用在风险控制管理能力计算中的权重。

同一个安全知识结构单项在不同安全工程问题解决能力培养成效模块计算中的权重可能不同。解决复杂安全工程问题四个模块能力培养成效情况的计算中，各安全知识结构单项的权重由专家打分计算得出或者由课程组教师赋值产生，通过比较风险感知辨识能力、风险分析评价能力、风险控制设计能力、风险控制管理能力四个模块的培养成效计算结果，找出被分析学生安全工程问题解决能力培养成效的不足，可促进线上线下混合式教学模式及能力培养达成情况教学评价体系的持续改进与完善。

三、实例分析

（一）虚实结合的课程综合考核

以常州大学安全工程专业为例，线上课程资源及教学主要包括线上线下混合理论课程（如国家级一流在线课程"安全风险分析与模拟仿真技术"）、虚拟现实+线下实验课程（如国家级虚拟仿真实验教学一流本科课程"危化品运输管理与应急处置虚拟仿真项目"）、3D数值仿真+线下设计课程（如国家级虚拟仿真实验教学示范项目"甲醇合成与精制3D仿真"）、信息系统+线下实习课程（如"企业安全风险分区管理实习系统"）四类。虚实结合的课程综合考核基本要素如图4-12所示。

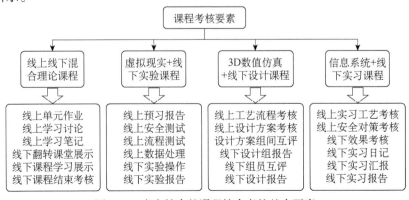

图4-12　虚实结合的课程综合考核基本要素

虚实结合的课程综合考核包括线上线下的过程考核和期末考核。过程考核方式根据课程类别的不同而设置，图4-13中，理论表示理论课程（即线上线下混合理论课程），设置了线上单元作业、线上学习讨论、线上学习笔记和线下翻转课堂展示等；实验表示实验课程（即虚拟现实+线下实验课程），设置了线上预习报告、线上安全测试、线上流程测试、线上数据处理、线下实验操作等；设计表示设计类课程（即3D数值仿真+线下设计课程），设置了线上工艺流程考核、线上设计方案考核、设计方案组间互评等；实习表示实习课程（即信息系统+线下实习课程），设置了线上实习工艺考核、线上安全对策考核、线下效果考核、线下实习日记等。期末考核也有多种方式，且多以线下考核为主，如期末课程学习汇报、期末考试、实验报告、设计小组汇报、小组成员之间互评、设计报告、实习汇报、实习报告等。

以常州大学安全工程专业171[①]教改班24位同学虚实结合的安全工程专业课程综合考核计算为例，该班同学各类课程得分的平均值见图4-13中的黑色实线部分。由图4-13可见，该班同学四类课程综合考核得分中，理论得分最低（77.27分），设计得分最高（83.15分）。

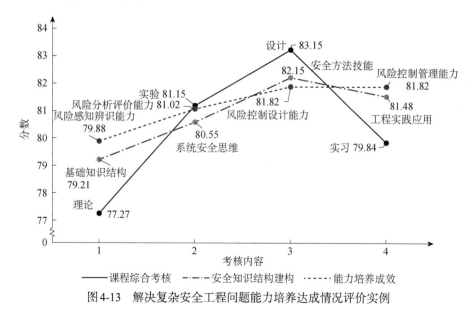

图4-13　解决复杂安全工程问题能力培养达成情况评价实例

---

① 171 指 2017 级 1 班。

（二）线上线下安全知识结构建构效果

线上线下安全知识结构建构效果计算分为基础知识结构、安全系统思维、安全方法技能、工程实践应用四个方面，根据公式4-2—公式4-5，以常州大学安全工程专业171教改班24位同学线上线下安全知识结构建构效果考核计算为例，该班同学安全知识结构各项得分的平均值见图4-13中的黑色点划线部分。由图4-13可见，该班同学安全知识结构建构效果中，基础知识结构得分最低（79.21分），安全方法技能得分最高（82.15分）。

（三）解决复杂安全工程问题能力的培养成效分析

解决复杂安全工程问题能力培养成效评价包括风险感知辨识能力、风险分析评价能力、风险控制设计能力、风险控制管理能力四个模块，根据公式4-6—公式4-9，以常州大学安全工程专业171教改班24位同学解决复杂安全工程问题能力培养成效考核计算为例，该班同学各模块能力培养成效得分的平均值见图4-13中的黑色虚线部分。由图4-13可见，该班同学解决复杂安全工程问题能力培养的四个模块中，风险感知辨识能力得分最低（79.88分），风险控制设计能力和风险控制管理能力得分最高（两者均为81.82分）。

综上可知，该班同学后续学习和工作中应该加强理论课程的学习、基础知识结构的积累和风险感知辨识能力的训练。该评价结果为线上线下混合式教学模式及教学评价体系提供了有效的反馈意见，如线上线下混合理论课程讲授及考核方式有待改善、安全知识结构建构应夯实基础知识结构、解决复杂安全工程问题能力培养要多关注风险感知辨识能力等。对全年级学生的线上线下、虚实结合课程重构的课程体系评价，安全知识结构、思维方法、技能实践重构效果评价，解决复杂安全工程问题能力培养成效的综合评价的结果进行计算，其评价结果及分布情况可为该专业线上线下混合式教学模式及教学评价体系的持续改进和提升提供数据支撑。

第五章

本科人才培养的基层教学组织

　　高校基层教学组织是本科人才培养必须建立的关键性、合法性的基本组织，是本科人才培养的基层组织保障，是相关教师进行教学研究、交流、学习、创新的平台。木章将就高校基层教学组织的价值、职能等问题进行阐述。

第一节　基层教学组织概述

一、基层教学组织建设的迫切性与必要性

21世纪以来，我国高等教育在办学规模和招生人数上都实现了跨越式发展，人们对高等教育的期望越来越高。随着办学规模、招生数量的不断扩张，一些教师处于应付完成教学任务的状态。如何提高教师的教学能力、提升本科人才培养的质量已成为高等教育的焦点问题，做好高校基层教学组织的建设是解决这一问题的基础。因此，高校基层教学组织的建设受到社会各界的高度关注。

（一）高校基层教学组织建设的迫切性

1. 高校办学规模扩张需要强化基层教学组织建设的组织保障

在高校办学规模效应思潮的影响下，高校的合并与扩建使其办学规模急剧膨胀，对于很多高校，多校区办学成为常态。高校办学规模过大会带来管理层级过多、运转不畅、职责不明等弊病，造成学生与教师的分离、教师与校区的分离、教学与管理的分离等诸多问题，导致传统的基层教学组织出现时间与空间上的分离，表现为组织结构松散、教学资源分散等状态，使基层教学组织的行政事务增加，使正常的教学组织和教学研究活动受到影响。因此，需要通过基层教学组织的建设提供强有力的基层教学组织保障。

2. 高等教育普及化需要基层教学组织建设的师资队伍支撑

高等教育普及化使得更多的学子圆了大学梦，也为高等教育发展提供了动力，同时也产生了一些问题，如各高校招生人数的增长，造成了教师教学工作量的增

加，一些教师为了应付教学任务，课堂教学成为他们与学生接触的主要渠道，教师对学生的关注与学习辅导相对减少。教师除了上课以外，很少有时间去思考教育、研究教学、创新教学，更谈不上提升教学质量。同时，庞大的学生群体，生源质量参差不齐，对教学的安排、教师的授课、教学的考核等提出了挑战。教学质量的提升，需要通过基层教学组织的建设构建支撑人才培养的师资队伍。

3. 社会人才需求的多样化为基层教学组织的建设提供了发展机遇

培养社会需求人才是高校的根本功能之一。随着社会的发展，各行各业对人才培养的质量与多样性提出了更高的要求。如何解决社会对人才的多样性需求与高校人才培养的符合性这对矛盾？这就对高校的基层教学组织建设提出了挑战，同时也提供了发展机遇。

在基层教学组织的建设中，为将社会对人才的多样性需求与人才培养体系有机地结合起来，各高校需要正确引导基层教学组织走向社会，了解社会对人才需求的变化，并且从社会发展的视角出发前瞻性地把握这种变化，超前地将社会对人才需求的变化融入人才培养的知识结构体系和能力培养体系中，融入人才培养方案与培养模式之中。

基层教学组织负责本科人才培养的具体教育、教学任务，如何看待、理解、落实这些任务，如何有的放矢地进行人才培养的教育、教学活动，是基层教学组织建设的重要内容，这对应的是"培养什么人、怎样培养人、为谁培养人"的问题。基层教学组织应将专业教师组织起来形成教师命运共同体，充分发挥每一位教师的主动性与积极性，建设富有个性化、多样化、层次化的人才培养教学内容和课程体系，凸显本专业人才培养的特色。基层教学组织必须要担负起这样的历史使命，抓住社会发展的挑战与机遇，为培养社会所需要的专业人才做出应有的贡献。

（二）高校基层教学组织建设的必要性

人才培养的顶层设计无论多好，最终都要通过基层教学组织的运行才能实现，由此可见，基层教学组织的建设是非常必要的。

多年来，重科研轻教学的倾向干扰了高校的教学秩序与人才培养，使不少教师把主要精力放在科研上，而在教学上投入的精力相对不足，更不要说潜心研究教学、积极主动地进行教学改革与创新了。这就造成许多教师游离在基层教学组织之外，使得基层教学组织形同虚设，进而影响了高校人才培养的质量。因此，强化基层教学组织建设刻不容缓，其必要性主要体现在如下两个方面。

1. 基层教学组织"小组织、大担当"的特性决定了其建设的必要性

基层教学组织是高校中最底层的"小组织"，也没有什么行政级别和权利，但却肩负着人才培养全部教育教学活动的"大担当"。基层教学组织"大担当"的具体化，就是通过自身的建设培养一批优秀教师，以课程、教学项目、专业等载体方式形成灵活多样的教学团队，为人才培养提供支撑。

基层教学组织建设要以人才培养为导向，妥善解决教学与科研的矛盾。人才培养不仅需要教学，也需要科研的反哺，要统筹思考教学与科研的关系，使基层教学组织真正成为教师教学与科研的共同体，特别是要能够为青年教师的成长提供教学引导、学术创造的机会和条件。高校在基层教学组织建设中，要认真落实《中共中央 国务院关于全面深化新时代教师队伍建设改革的意见》，坚持"四个引导"：第一，引导教师树立正确的历史观、民族观、国家观、文化观，坚定中国特色社会主义道路自信、理论自信、制度自信、文化自信；第二，引导教师准确理解和把握社会主义核心价值观的深刻内涵，增强价值判断、选择、塑造能力，带头践行社会主义核心价值观；第三，引导广大教师充分认识中国教育辉煌成就，扎根中国大地，办好中国教育；第四，引导广大教师以德立身、以德立学、以德施教、以德育德，坚持教书与育人相统一、言传与身教相统一、潜心问道与关注社会相统一、学术自由与学术规范相统一，争做"四有"好教师，全心全意做学生锤炼品格、学习知识、创新思维、奉献祖国的引路人。通过"四个引导"，使教师成为有理想信念、有道德情操、有扎实学识、有仁爱之心的"四有"好老师；一生践行为人民服务，为中国共产党治国理政服务，为巩固和发展中国特色社会主义制度服务，为改革开放和社会主义现代化建设服务。

2. 基层教学组织"小组织、大使命"的特性决定了其建设的必要性

2018年5月2日，习近平总书记在北京大学师生座谈会上的讲话中指出，"教育兴则国家兴，教育强则国家强。高等教育是一个国家发展水平和发展潜力的重要标志。今天，党和国家事业发展对高等教育的需要，对科学知识和优秀人才的需要，比以往任何时候都更为迫切。我在党的十九大报告中提出要'加快一流大学和一流学科建设，实现高等教育内涵式发展'。当前，我国高等教育办学规模和年毕业人数已居世界首位，但规模扩张并不意味着质量和效益增长，走内涵式发展道路是我国高等教育发展的必由之路"[①]。这就是基层教学组织的"大使命"。

2018年6月，新时代全国高等学校本科教育工作会议指出，本科教育是大学的根和本，是高等教育的立命之本、发展之本。[②]本科教育在高等教育中是具有战略地位的教育、是纲举目张的教育。我们一定要把本科教育放在人才培养的核心地位，一定要把本科教育放在教育教学的基础地位，一定要把本科教育放在新时代教育发展的前沿地位。

为此，教育部在2019年启动一流本科专业建设的"双万计划"，"双万计划"是高质量本科人才培养的基础建设，也是基层教学组织建设落实"大使命"的抓手与落脚点。

二、基层教学组织建设的现状及存在问题

（一）基层教学组织建设的现状

在当今的高等教育中，根据人才培养过程的需要，基层教学组织的外在表现形式是多元化的。例如，美国大学的基层组织是按学科划分的系，德国大学的基层组

---

① 习近平.（2018-05-03）[2023-05-02].在北京大学师生座谈会上的讲话.http://www.gov.cn/xinwen/2018-05/03/content_5287561.htm.

② 教育部.（2018-06-21）[2023-10-18].坚持以本为本 推进四个回归 建设中国特色、世界水平的一流本科教育 新时代全国高等学校本科教育工作会议召开.http://www.moe.gov.cn/jyb_xwfb/gzdt_gzdt/moe_1485/201806/t20180621_340586.html.

织形式为讲座制，而我国在1950年从苏联引进了以教研室为最基层的教学组织形式。"教研室"这一基层组织在提高教学质量、壮大师资队伍、培养多层次人才、学科建设等方面发挥了积极作用，曾是我国高校基层教学组织的主流形态。

为适应新时代经济建设和社会发展的需要，高等教育的内部管理体制改革对传统的教研室产生了极大的冲击，大部分高校进行了院系和学科专业调整，对课程体系进行了重组和整合，基层教学组织也呈现出多元化、多样化的发展趋势，如教研室（系）、研究室（所、中心）等，并没有一个统一的设置模式。

从这些基层教学组织的名称上可以看出，不同高校中的教研室（系）、研究室（所、中心）的教学、科研工作重心各有侧重，然而，教学与科研是不可能也不应该被割裂的。教学与科研是基层教学组织建设中需要关注的主要矛盾，要正确认识与处理这一矛盾关系，使基层教学组织在人才培养、科学研究方面发挥基层战斗堡垒的作用。

此外，国家层面也出台了一系列的政策措施来引导和激励基层教学组织的建设，例如，《中共中央 国务院关于全面深化新时代教师队伍建设改革的意见》《教育部关于深化本科教育教学改革全面提高人才培养质量的意见》《教育部关于加快建设高水平本科教育全面提高人才培养能力的意见》《教育部 财政部 国家发展改革委印发〈关于高等学校加快"双一流"建设的指导意见〉的通知》《教育部关于印发〈高等学校课程思政建设指导纲要〉的通知》《中共中央 国务院印发〈关于深化新时代教育评价改革总体指导方案〉》等。在政策的激励与驱动下，各高校基层教学组织建设热潮涌动，活动形式与内容日趋丰富，呈现出如火如荼的建设景象，主要体现在如下方面。

1. 基层教学组织重建重构的自觉化

基层教学组织在人才培养、科学研究、服务社会、传承文化方面的重要地位已被越来越多的高校所认知，这种认知不断地转化为对基层教学组织改革、重建、重构的自觉性，为基层教学组织的建设注入了原动力。

2. 基层教学组织建设形式的多样化

以什么形式开展基层教学组织建设也是一个需要关注的问题，这也是基层教学组织建设内涵与外延的关系问题。高校需要结合自身的办学定位、服务范围，合理、科学地确定基层教学组织的建设形式，以达到向外能够完美展现学校自身特色的目的，基层教学组织建设的多样化已成为必然。

3. 基层教学组织建设职能定位的多元化

随着高校改革的深入，基层教学组织的职能也在不断变化与丰富，其不再仅限于简单的排课、听课、组织学习等传统的上传下达等职能。许多高校将基层教学组织定位为战斗堡垒，由此带来基层教学组织职能定位的多元化。当然，人才培养是基层教学组织的第一（基本）职能，同时科学研究、服务社会等也逐渐成为其重要职能。但是，各高校在进行具体的基层教学组织建设时，一定要结合自身的实际情况，合理地定位该组织的职能，不能好高骛远、求大求全，也不要过于注重攀比、注重形式，要使得基层教学组织的职能能够有效运行，能够满足学校的需求。

4. 基层教学组织建设功能地位的趋升化

基层教学组织建设功能地位的趋升化既有好处，也有弊端。好处是，随着基层教学组织建设功能的逐渐强大，其地位也在不断提升，表现为教师对基层教学组织的认可度、学校对基层教学组织的重视程度、社会对基层教学组织的认同度等均大大增加，基层教学组织建设迅速发展。弊端是，基层教学组织建设功能地位的趋升化带来了"责、权、利"的扩张，即基层教学组织可能会承担了原本是学校、学院的"责、权、利"，造成人才培养、科学研究等方面的职能混乱。因此，捋清基层教学组织建设的功能地位是学校在建设中需要解决的重要问题。

5. 基层教学组织内涵建设的渐进化

基层教学组织的内涵建设是一个根本性的问题，需要精心设计、扎实推进，决不能搞突击、赶进度，一定要按照教学规律与秩序循序渐进地进行。基层教学组织的内涵建设一定要符合社会需求，要在社会需求的引导下进行，同时其内涵建设要与人才培养协调一致，为高质量人才培养提供支撑。

6. 基层教学组织建设特色的交互化

一个基层教学组织区别于其他基层教学组织的关键是其所具有的特色，也可以说，特色是一个基层教学组织的"魂"，因此基层教学组织的建设特色成为衡量建设成效的关键点。基层教学组织是由一个个鲜活的个体（教师）组成的，每一个个体都有自身的个性与特质，通过"基层教学组织"这一载体，不同教师的个性与特质得以交互与融合，进而形成基层教学组织的整体特色。

（二）基层教学组织建设存在的问题

基层教学组织建设是一项复杂的系统工程，充分认识与了解存在的问题是基层教学组织做好建设的前提，我国高校基层教学组织建设主要存在如下具体问题。

1. 基层教学组织建设的政策落实情况、建设基础参差不齐

虽然国家在政策方面对基层教学组织建设给予了积极的引导与激励，但是由于认识、条件、环境等因素的影响，各个高校在落实基层教学组织建设政策时会产生一些差异。此外，不同高校、不同基层教学组织的结构、功能、经历也存在差异，其建设基础也是参差不齐的，这些均使得基层教学组织建设的原生动力不足。

2. 基层教学组织建设的职能不清、权责模糊

基层教学组织不是高校的一级行政组织，而是起到一种组织教师、教学的"载体"功能。高校要充分认识基层教学组织的"载体"功能，不能搞行政级别管理模式，否则将会产生职能不清、权责模糊等问题，影响基层教学组织的建设与发展。

3. 基层教学组织建设存在组织离散、有教无研的现象

高校在基层教学组织建设中要考虑到"重科研轻教学"的影响，"重科研轻教学"的思想还根深蒂固，影响着教师的发展方向，使得一些基层教学组织存在离散、有教无研的现象，即基层教学组织仅做一些排课、填写教学报表等工作，得不到教师的认同，许多教师游离在基层教学组织之外，教师之间缺乏充分的交流与研讨，只是被动地完成教学活动，更谈不上组织、开展有效的教学研究。

4. 基层教学组织建设制度不健全，存在管理随意、松散的现象

由于高校的过度扩张，一些基层教学组织只是忙于日常的教学安排与管理，对基层教学组织的建设与发展缺少系统的思考与设计，使得基层教学组织的管理规章制度与运行机制建设较为混乱，存在管理随意、松散的现象。

5. 基层教学组织建设的保障及有效运转有待进一步强化

基层教学组织建设需要专门的建设经费的支撑，不同高校为基层教学组织提供的保障经费等条件存在较大的差别，并具有一定的随意性，使得基层教学组织的运行时好时坏。基层教学组织的工作难做、运行不畅是其在建设中需要面临的现实问题。

6. 基层教学组织建设存在口径单一、各自封闭的现象

基层教学组织在学校中主要负责教学任务的分配，其工作口径单一，各专业基层教学组织在一定程度上各自封闭，专业基层教学组织之间的交流与融合机会较少。

7. 基层教学组织建设的话语权少，认同度不高

一些基层教学组织只是对教学任务进行上传下达，对学院、学校的一些专业发展规划缺乏系统的思考与研究，也就谈不上话语权。在学校内，基层教学组织所处的学术地位相对是较为弱势的，教师对其的认同度一般不高。

8. 基层教学组织建设的内生力较差，教师教学发展不足

一些基层教学组织在建设中存在内生力差、发展的原动力不足等问题，如一些基层教学组织在建设中仅注重走形式，对建设内涵的认识模糊。因此，基层教学组织在建设中应思考如何引导教师更有效地进行教学，特别是对于年轻教师，应发挥基层教学组织的优势，有效地实施"传帮带"活动，以形成教师教学发展的良好氛围。

上述基层教学组织的建设问题，造成了"唯绩效"现象、"沉默的大多数"现象、"项目化"现象、"个体化"现象、"精英化"现象等，这些现象制约了基层教学组织的建设与发展，影响了高校人才培养的质量。

三、基层教学组织的结构模式

基层教学组织的结构模式应以学校的办学目标、办学层次、培养目标、教学模式等为依据，结合专业人才培养的实际实施方式加以确立，要注意教学基层组织设

置的形式必须与之匹配。目前我国高校基层教学组织的主要结构模式有如下几种。

（一）教研室

教研室模式是我国高等教育中最传统的基层教学组织模式，是从苏联引进的，在高校的"校—院—教研室"三级管理体制中处于最低层级。在高校的教学活动中，教师一般按专业教学归属教研室。

教研室的主要职能是担负本科人才培养的教育教学活动，其内涵主要有两个方面。

1. 教学组织实施

教研室在教学组织实施方面的任务主要有制订教学工作计划（包括培养方案、课程大纲、教学设计、教学计划等）、组织实施教学任务［包括课堂教学、实践教学、毕业设计（论文）、创新创业等］、开展教学研究与改革（包括教学模式、教学理念、教学内容、教学方法、教学评价等）等。

2. 教学相关建设

教研室在教学相关建设方面的任务主要有专业建设（包括专业的办学定位、培养目标、毕业要求、专业特色、专业文化等）、课程建设（包括课程体系、课程定位、课程内容、课程形式等）、教材建设（包括专业教材体系、教材定位、教材内容、教材特色、教材编写等）、师资队伍建设（包括师德师风、专业能力、教学技能、职业素养等）、实践平台建设（包括校内实验实训平台、校外实践基地等）、学科建设（包括研究生培养、科学研究、成果推广、服务社会等）等。

（二）研究所

研究所是20世纪90年代末高校内部进行学院制改革的一个产物，在高校的"校—院—研究所"纵向组织结构中处于最低层。由于兼顾一定的本科人才培养与教学管理工作，研究所也就成了高校内一种新的基层教学组织，也是高校普遍认可与采用的基层教学组织形式。

研究所的设立主要依托科学研究,与教研室主要围绕本科生培养、实施教学管理存在很大的不同。研究所虽然也承担一定的教学任务,但其主要精力还是在科学研究与研究生人才培养上,其主要职责包括如下方面。

1. 组织开展科学研究

研究所最主要的职责功能是科学研究。研究所按研究方向相近原则把教师组织起来,也就是说,教师按照学科研究方向归属研究所,形成科学研究的共同体,开展研究领域、研究方向相同的科学研究,同时向社会外延,开展科技成果推广服务,满足社会需求。

2. 研究生的教学和培养

研究生的教学和培养是研究所的另一重要职责功能,其优势就是在研究生培养方面拥有大量相关课题的支撑,但其教学研究与教学改革可能相对薄弱。

多年来,受"重科研轻教学"办学导向的影响,许多高校强化了研究所的研究职能,其教学职责相对淡化,从而影响人才培养的质量。

(三)系

系是与研究所同时出现的一种基层教学组织形式,也是在学院的领导之下,在高校的"校—院—系"纵向组织结构中处于最基层。与研究所不同的是,系主要是按专业(群)划分教师的归属,负责组织实施一个或若干个相近专业的教学,主要承担与本科专业相关的课程建设和管理工作,其组织形式、管理路径与教研室相似。实质上,系是为适应高校扩招而对专业教研室进行的升级。

随着高校内部管理体制改革的进一步深化,为促进高校人才培养与科学研究的融合,有些高校按照二级学科和本科专业目录,尝试将"系"与"研究所"合一,构建"系"与"研究所"为一体的基层"教学-学术"组织,以实现教学与科研的相互促进、相互融合。

(四)学科组织

学科组织是近年来以学科为基础发展起来的一种基层组织,在高校"校—院—

学科"管理体制结构中也是处于最基层，主要是按一级学科（或学科群）划分构建组织结构，而且按照唯一归属原则（打破了原来教师可以游离在学科、专业之间的现象），教师归属学科管理。在学科组织框架下，学科组织突破了教研室、研究所、系等"单位制"，打破了封闭式的教学组织及研究模式，通过灵活组合课程，满足了人才培养的多元需求及学科建设需要。

学科组织的设立也是一种创新，既突破了教研室偏重教学组织实施而难以承担科学研究的困境，也解决了研究所偏重科学研究与社会服务而疏于教学的问题，真正有效地承担起了教学、科研、人才培养、社会服务等多种职责功能。但也有一些需要思考的问题，如学科组织是否由此成为包罗万象的基层组织，其是否会与二级学院产生矛盾与冲突等，还有待实践的进一步检验。

第二节　基层教学组织的建设策略与路径

高校基层教学组织的基本职能是教学与研究，基层教学组织的建设必须从这两个方面入手，探讨教研一体化的建设策略与路径。

一、基层教学组织建设策略

高校基层教学组织的建设是一项复杂的系统工程，是促进基层教学组织及教师发展的重要过程，可以提高高校基层教学组织的社会显示度，并赋予高校基层教学组织某些外在身份和内在价值。其外在身份就是指人才培养的品牌效应，可有效地吸收优秀生源；其内在价值就是能够培养社会所需要的高质量的人才。

因此，从高校基层教学组织外在身份和内在价值的角度统筹谋划建设策略，厘清建设思路，明确建设内容，对于指导高校基层教学组织的建设具有重要意义，其建设策略可用图5-1表示。

图5-1　高校基层教学组织建设策略

由图5-1可见，高校基层教学组织建设策略分为五个环节。

（一）定义

定义高校基层教学组织是建设的起点，定义就是要清楚所建设的高校基层教学组织是什么，也就是要弄清楚建设什么的问题。因此，高校在建设前要进行深入的调查与研究，认真剖析基层教学组织的发展历史与现有状态，结合学校、专业、社会等多方面的需求，科学、合理地定义基层教学组织建设的内涵（包括组织形式、运行机制、师资队伍、教学资源、教育环境等），准确的定义是高校需要解决的首要问题。

（二）定位

定位就是确定所建高校基层教学组织的社会层次或地位（如国家级、省级、校级等）。基层教学组织是一个很宽泛的概念，不同层次的学校（如"双一流"高校、地方普通高校等）、不同的专业（如传统专业、新兴专业、优势专业、自设专业等）、不同的区位环境（如长三角地区、珠三角地区、中部地区、西部地区等）等都制约着高校基层教学组织建设的定位。高校在定位基层教学组织时既不能盲目自大，也不能妄自菲薄，科学合理的定位是其需要解决的第二个问题。

（三）建设

建设就是在定义、定位的基础上对基层教学组织建设方案进行规划与设计。这是基层教学组织建设的重要环节。建设方案的规划与设计要从高校基层教学组织应该是"教研共同体"这一基本属性出发，明确"教研共同体"是开展教学与研究、推动教学改革、提高教学质量、实现人才培养目标的最基层教学组织结构（"教研共同体"的外在形式可以不拘一格，根据各学校的具体情况而定）。基层教学组织建设的规划与设计应考虑如下问题。

1. 统筹规划，合理优化组织结构

从管理学的角度来说，组织的结构决定了组织的功能。组织结构的设置与优化是基层教学组织建设的首要任务，其设置与优化原则就是有利于人才培养目标实现的最大化，并保证组织功能能够得到最大限度的发挥。

2. 理顺关系，增强组织活动能效

理顺关系就是要明确"教"与"研"的关系，正确把握教学、教研、科研的对立与统一关系，保障教学、教研与科研的协调发展，共同促进人才培养质量的提高。

理顺关系还要确保基层教学组织的开放性，这是增强组织活动能效的重要机制保障。基层教学组织通过开放性的建设，可以大大促进组织内部与组织外部的各种交流，打破传统的学科壁垒与行政界限，实现资源的共享。基层教学组织开展开放性活动，可以拓宽教师的知识结构与思维层次，同时也可以拓宽人才培养的口径，推动跨专业、跨学校乃至跨国的基层教学组织活动的开展，有利于增强基层教学组织的活力。

3. 保障经费，强化组织基础

建设经费是基层教学组织建设的保障。针对基层教学组织的建设，学校（或学院）要开源节流，保证建设经费的使用效益。学校（或学院）一方面要逐年增加基层教学组织的建设经费，另一方面还要制定相关激励机制，引导基层教学组织申请政府部门或社会企业的建设经费，不断扩充建设经费的总量。

在"开源"的同时，学校（或学院）也要"节流优化"，要把有限的经费用在最需要它的地方，要精心优化经费的配置与使用。基层教学组织建设最关键的是师资队伍、教学研究、专业、课程、教材建设这五个方面，它们相辅相成，构成了统一的基层教学组织人才培养的基础。

4. 搭建平台，打造一流师资

教师是基层教学组织的核心。只有拥有了一流的教师，基层教学组织才能成为一流的组织，才能培养出一流的人才。基层教学组织在建设中需要考虑搭建什么样的平台才能最大限度地吸引与聚集教师，才能有利于教师的交流与发展。平台的外在形式有很多，但其本质是教师命运共同体。

为此，基层教学组织要成为"教师之家"，要开展各项有利于教师发展的活动。学校（或学院）要形成"人才强校"的氛围，让教师感受到自己的工作是有意义的，要为教师提供个性发展的机会，强化教师个性发展的主动意识。

5. 深化改革，健全责权分配机制

这是基层教学组织建设的保障，只有良好、有效的责权分配机制，才能不断推进基层教学组织的建设。

基层教学组织作为高校的第一线组织，担负着教学、学科和课程建设与教学管理等繁重工作及任务。为保证工作的顺利展开，高校必须要建立、健全责权分配机制，才能调动基层教学组织的积极性，充分发挥广大教师应有的作用。现在有许多高校在改革管理制度，一方面将原来学校（或学院）的管理权限下移，形成了"学校-学院-基层教学组织"齐抓共管的育人管理模式，避免了因权力过于集中而造成"学校（或学院）急、下面松（与己无关）"的工作局面；另一方面加强对基层教学组织负责人的选拔与培养，并赋予其适当的权力与责任，使得基层教学组织在工作时有一定的自主性，能充分发挥其应有的功能。

（四）创新

创新是基层教学组织建设的灵魂，创新必须要摒弃传统的学科逻辑、课程逻辑与单位逻辑，树立科学合理的基层教学组织价值取向，也就是要思考基层教学组织为何存在、存在的价值是什么。简单地说，人才培养离不开基层教学组织，基层教学组织通过科学合理地运用各种教学资源来培养社会所需要的人才，这就是基层

教学组织的价值所在。因此，基层教学组织建设的创新主要应从其自身结构、教学资源的有效配置与共享这两个方面入手。

1. 基层教学组织自身结构的创新

这种创新要建立在对基层教学组织有正确认识的基础之上。美国高等教育界的著名专家伯顿·克拉克（Burton Clark）在《高等教育系统——学术组织的跨国研究》一书①中，从组织的观点把高等教育系统看作由生产知识的群体构成的学术组织，深刻地揭示了高等教育的本质特征，提出了高等教育系统基本的组织要素是工作、信念和权力，这三大要素构成了高等学校纵横交错、千姿百态的组织系统模式，这也为基层教学组织自身结构的创新提供了理论思考。

2. 教学资源的有效配置与共享创新

基层教学组织的活动需要各类资源的保障，但资源的有限性是客观存在的，因此教学资源的有效配置与共享创新在组织建设中就显得尤为重要。教学资源的有效配置与共享创新要立足生态效应，推进基层教学组织的交叉集成，在一所高校中，各类基层教学组织应形成一个系统、完整、开放、共享的生态系统，让学生能够在这种智力生态系统中体验智慧的光辉。

（五）提升

提升是高校基层教学组织建设策略的最后一个环节，其实质就是持续改革、螺旋上升。这就需要对上述四个环节进行全面的认识与总结，并及时反馈，最终形成高校基层教学组织建设策略的闭环。

高校基层教学组织建设的提升关键是寻求新的突破点，可以从如下三个方面思考。

1. 人才培养的价值取向是基层教学组织建设的灵魂

2021年4月19日，习近平总书记在清华大学考察时强调，"百年大计，教育为

---

① 伯顿·R.克拉克.1994.高等教育系统——学术组织的跨国研究.王承绪，徐辉，殷企平等译.杭州：杭州大学出版社.

本。今年是中国共产党成立100周年，我国开启了全面建设社会主义现代化国家新征程。党和国家事业发展对高等教育的需要，对科学知识和优秀人才的需要，比以往任何时候都更为迫切。我们要建设的世界一流大学是中国特色社会主义的一流大学，我国社会主义教育就是要培养德智体美劳全面发展的社会主义建设者和接班人"[①]。这就为基层教学组织建设指明了价值方向，即基层教学组织建设要紧紧围绕人才培养，不断提升建设水平。

2. 科教融合的路径是基层教学组织建设的抓手

科教融合是基层教学组织最突出的特征，也是基层教学组织建设的重点和难点。这不是简单地改变基层组织姓"教"还是姓"研"的问题，关键是如何在基层教学组织建设中建立科学的"教学-科研"关系，达到教学和科研的统一与协调，实现基层教学组织功能的最大化。

3. 课程群是基层教学组织建设的基础

人才培养最终要落实在教学上，教学的载体就是课程群（这里的课程是广义的课程，包括人才培养过程中实施的各类课程，如理论课、实践课、实训课、社会调查、岗位实习等）。同时，课程又是学科与专业、教学与科研融合的纽带，在人才培养过程中，要将教学与科研有机地统一起来，实现教学与科研相融合的育人途径，以提升人才培养的综合质量。

二、基层教学组织建设路径

建设路径的选择与实施对基层教学组织建设具有重要的意义，对于不同的高校、不同的专业（学科）来说，其建设路径可能千差万别，如何认识与选择建设路径，是基层教学组织建设的又一重要问题。

---

① 习近平.(2021-04-19)[2023-05-04].习近平在清华大学考察时强调 坚持中国特色世界一流大学建设目标方向 为服务国家富强民族复兴人民幸福贡献力量.http://www.xinhuanet.com/2021-04/19/c_1127348921.htm.

（一）基层教学组织建设的路径选择

《教育部高等教育司关于开展虚拟教研室试点建设工作的通知》指出，"加强基层教学组织建设，全面提高教师教书育人能力，是推动高等教育高质量发展的必然要求和重要支撑"。这是基层教学组织建设路径选择的基本原则，也就是说，基层教学组织建设路径要有利于全面提高教师教书育人能力，有利于推动高等教育高质量发展。根据这两个"有利于"，基层教学组织建设的路径选择如图5-2所示。

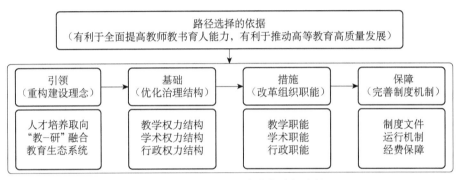

图 5-2　基层教学组织建设的路径选择

由图5-2可见，基层教学组织建设的路径选择由四个环节构成：第一个环节，重构建设理念是引领，要确立人才培养的价值取向，树立"教-研"融合的思维，构建人才培养的教育生态系统；第二个环节，优化治理结构是基础，在建设理念的引导下，通过对教学权力结构、学术权力结构和行政权力结构的优化重构，为基层教学组织提供一个科学合理的组织架构；第三个环节，改革组织职能是措施，在优化治理结构的基础上，实施职能改革，从教学、学术与行政的角度明确基层教学组织的职能；第四个环节，完善制度机制是保障，上述三个环节的落实需要制度、机制与建设经费的保障，通过不断完善制度与运行机制，并提供稳定的建设经费，使得基层教学组织建设能够顺利进行。

（二）江苏省高校基层教学组织建设的"十大举措"与"十项标准"

在教育部的统一部署与领导下，一场以"全面提高教师教书育人能力、推动高等教育高质量发展"为宗旨的高校基层教学组织建设活动在全国高校轰轰烈烈展开。江苏省教育厅高度重视高校基层教学组织的建设，2022年颁发了《省教育厅关于加强高校基层教学组织建设 促进教学能力提升的指导意见》及其附件《江苏省本科院校基层教学组织建设基本标准》，对江苏省高校基层教学组织建设具有一定的指导意义。

1. 江苏省高校基层教学组织建设的"十大举措"

《省教育厅关于加强高校基层教学组织建设 促进教学能力提升的指导意见》提出，"坚持以习近平新时代中国特色社会主义思想为指导，落实立德树人根本任务，充分认识加强基层教学组织建设提升教师教学能力的重要性，进一步筑牢教学工作中心地位，形成具有江苏特色的高校基层教学组织建设与教师教学能力提升新模式，推动江苏高等教育现代化"[①]。该文件针对江苏省高校基层教学组织建设提出了"十大举措"，明晰了江苏省高校基层教学组织建设的路径。

"十大举措"的具体内容是：建立教书育人长效机制、构建教学能力建设新体系、建设开放多元的新型基层教学组织、营造追求卓越的教学学术氛围、提升教材建设水平、打造教学相长的师生学习共同体、建立教学能力全周期培养制度、发挥典型示范引领作用、加强教学能力提升支持条件建设、加强教学质量评价体系建设。

在具体的建设过程中，各高校可以根据自身的实际情况，按照"十大举措"的路径有的放矢地进行建设活动，以大大提升江苏省高校基层教学组织建设的效能。

2. 江苏省高校基层教学组织建设的"十项标准"

为了有效地检验"十大举措"路径实施的效果，《省教育厅关于加强高校基层教学组织建设 促进教学能力提升的指导意见》的附件《江苏省本科院校基层教学组织建设基本标准》较为准确、细致地规定了江苏省高校基层教学组织建设在操作层面的要求，为江苏省高校基层教学组织建设提供了实施依据，可被看作江苏省高校基层教学组织建设的"十项标准"，其具体内容参见表5-1。

---

① 江苏省教育厅.（2022-01-04）[2023-05-04].省教育厅关于加强高校基层教学组织建设 促进教学能力提升的指导意见.http://jyt.jiangsu.gov.cn/art/2022/1/10/art_55512_10310820.html.

表 5-1 江苏省高校基层教学组织建设的"十项标准"

建设指标	主要标准
1. 目标原则	1.1 落实立德树人根本任务，贯彻落实党和国家关于教育教学的基本方针政策。推动广大教师坚定职业理想、涵养师德、锤炼技能、践行《新时代高校教师职业行为十项准则》。对存在意识形态、师德失范、重大教学事故等问题者实行"一票否决" 1.2 树立"以学生为中心"教育教学观，树立良好的教风学风，严格遵守教学纪律与教学规范 1.3 充分发挥"三全育人"功能，推动课程思政与思政课程同向同行、专业教育与思政教育有机结合
2. 机构设置	2.1 有明确的组织形式，依托课程（群）、学科专业、教学团队、科研团队、实验团队等设立 2.2 鼓励跨课程群组、跨学科专业、跨校、跨区域、跨行业，构建多层级、多学科领域的新型基层教学组织体系。鼓励创新基层教学组织形式，将现代信息技术与教育教学深度融合，建设"智能+"时代时空交互的虚拟教研室，创新教研形态，实现动态开放，促进共建共享
3. 人员组成	3.1 基层教学组织应覆盖全体教师和全部教学环节，从事本科教学工作的教师应至少进入一个基层教学组织，鼓励教师加入多个基层教学组织 3.2 基层教学组织实行负责人制。应遴选师德高尚、责任心强、教学经验丰富（至少主讲1门课程）、教学能力突出、组织管理能力较强、具有专业技术岗位高级职称或十年以上本科教学经历的教师作为基层教学组织负责人；原则上一名教师只能担任一个基层教学组织的负责人 3.3 根据基层教学组织的性质和覆盖范围，合理确定规模。校内组织人数不少于5人，区域性组织不少于10人，全国性组织不少于15人；鼓励吸纳相关行业骨干、管理人员和研究生助教参与基层教学组织
4. 教学能力	4.1 梯队建设。推动实施传帮带、落实新教师为期一年的教学见习制度，为每位教学经历五年内的青年教师配备校内外教学"双导师"（可采用"一对多"等多种形式），并制定相应的教学能力建设规划，形成富有凝聚力的基层教学组织文化 4.2 教学研讨。建立常态化的教师教学研修与教师教学能力建设制度。负责人牵头制定学年工作计划，常态化组织开展集体备课、集中业务学习和研讨，每学期开展不少于3次专题教研活动，负责人每学期随堂听课不少于3次；团队成员每学期互相听课不少于2次，集体观摩活动每学期不少于1次，有完备的学习研讨记录，定期向院（系、单位）汇报工作，并接受学校教学主管部门指导和监督 4.3 成果推广。推广成熟有效的人才培养模式、课程实施方案、教学方法、现代教育技术应用等
5. 教学实施	5.1 依托课程（群）建设层面的基层教学组织侧重在： 　　5.1.1 课程建设。积极参与专业人才培养方案制定和课程体系的设计；明确课程建设相关目标，集体制定和修订课程教学大纲；严把教材选用关、编写关 　　5.1.2 教学档案。集体研讨课程教学目标、教学内容、教学资源、教学方法、教学手段等，开展课程教学档案袋建设，形成完备的教案、备课笔记和课件等教学资料和文档 　　5.1.3 考核评价。集体研究课程考核评价标准，对考核方式、考核效果等进行审核和评价，建立课程教学质量持续改进机制 5.2 依托专业建设层面的基层教学组织侧重在： 　　5.2.1 培养模式。紧密结合社会需求，准确定位专业人才培养目标，科学制定人才培养方案，积极推进专业人才培养模式改革 　　5.2.2 专业发展。制定专业发展规划和专业建设各环节规章制度，建立持续改进的专业人才培养质量保障体系，积极参与专业评估、专业认证等 　　5.2.3 合作育人。综合运用校内外资源，建设开放、高效、共享的专业实验实习实训平台；推动与境内外大学的交流研讨、教师互派、学生互换、学分互认；推动政产学研合作，开展专业共建

续表

建设指标	主要标准
6. 改革创新	6.1　教学学术研究。积极组织教师申报各级各类教学研究和改革项目，开展教学研究，发表教学论著，形成教学成果，营造追求卓越的教学学术氛围 6.2　教学资源建设。注重将科研成果转化为教学资源，紧跟现代科学技术发展趋势，积极开发新课程，新教材、新教案，打造精品教学资源库、优秀教学案例库、试题库等，促进学科融合、专业融合，推动专业内涵提升
7. 质量文化	7.1　严把教学能力关。建立新教师首开课试讲制度和新课程试讲制度 7.2　严把教学质量关。实施多元化教学评价，组织实施教师自评、学生评价、督导评价、同行评价、第三方评价等多种形式相结合的教学质量综合评价体系
8. 保障机制	8.1　制度保障。学校制定基层教学组织建设实施细则，明确基层教学组织负责人工作职责、权利与待遇。基层教学组织由所属院（系、二级单位）管理，接受教务处、教师（教学）发展相关职能部门的业务指导 8.2　经费保障。学校和院系应为基层教学组织建设提供必要的经费支持 8.3　条件保障。学校和院系为基层教学组织提供必要的活动场所、教学设施、信息化条件等
9. 考核激励	9.1　将基层教学组织负责人工作量纳入绩效考核。在评奖评优、职称评审方面对基层教学组织负责人的工作成效予以体现 9.2　将教师参与基层教学组织情况纳入绩效考核（或职称评审要求）和教学研修考核 9.3　学校建立完整的基层教学组织工作考核和激励制度，基层教学组织的考核结果作为学校对院（系、单位）考核的重要依据
10. 特色发展	10.1　积极创新基层教学组织形式、工作方式、工作内容，打造品牌活动项目，形成特色 10.2　积极培育国家级、省级优秀基层教学组织

第三节　虚拟教研室

一、虚拟教研室概述

虚拟教研室是高校基层教学组织建设的一种新形态。《教育部高等教育司关于开展虚拟教研室试点建设工作的通知》指出，"虚拟教研室是信息化时代新型基层教学组织建设的重要探索。为贯彻落实《教育部关于加快建设高水平本科教育　全面提高人才培养能力的意见》（教高〔2018〕2号）和《教育部关于深化本科教育教学改革 全面提高人才培养质量的意见》（教高〔2019〕6号）等文件精神，探索推进新型基层教学组织建设，经研究，我司决定开展虚拟教研室试点建设工作"。由此吹响了高校基层教学组织改革与创新的号角，为高等教育的资源共享提供了新的有效路径。

（一）虚拟教研室的含义

虚拟教研室一般是在教学、学术或研究上有共同意愿，致力于提高教师教学能力，推动高等教育高质量发展的不同地理区域、不同学校、不同专业、不同实体教研室的教师自愿组成的一种松散式的、虚拟状态的基层教学组织。

虚拟教研室在成立时，首推德高望重的教学、学术领军人物担任教研室主任（负责人），教研室主任（负责人）不享受任何津贴。虚拟教研室也有相关的规章制度，但不具备强制性。成员之间以搞好教学和科研、促进人才培养质量的提高为目的，达成了一种默契，进而形成了一种责任的约定，因为只有遵循这种默契的责任约定的人才能被虚拟教研室的其他成员所接受。

（二）虚拟教研室的特点

虚拟教研室是在网络信息快速发展的时代背景下，基于现代信息技术平台而发展起来的一种新型教学组织形态，其特点主要表现在如下方面。

1. 虚拟教研室运行的网络信息化

虚拟教研室是跨地理区域、跨学校、跨专业、跨不同实体教研室成员组成的基层虚拟教学组织，其正常的运行必须要依赖网络信息平台，因此虚拟教研室具有显著的信息化特点。高校在虚拟教研室的建设中要充分考虑信息化的特点，做好相应的网络与信息化平台建设。

2. 虚拟教研室的协同融合性

虚拟教研室成员之间存在时间与空间上的自然分隔，成员之间如何有效地进行沟通与交流尤其重要，因此虚拟教研室的协同融合是基层教学组织建设的又一重点。成员为了相同的发展目标而在虚拟教研室的框架下形成教师共同体，共同促进人才培养质量的提升。

3. 虚拟教研室的开放性

首先，虚拟教研室的开放性是指成员（教师可能是本校的，也可能是外校的，还可能是校聘的企业教师）可动态加入和退出虚拟教研室。虚拟教研室成员的这种动态加入与退出机制，使得虚拟教研室能够持续改进，不断地创新发展，以保持其先进性。

其次，虚拟教研室的开放性有利于建设成果的持续累积，对于促进教师教学能力提升、人才培养质量全面发展具有积极的推动作用。

最后，虚拟教研室的开放性有利于共建共享。开放性带来的共建共享，使得教育欠发达的西部地区等也能够共享优质教学资源，从而促进相对落后地区的教育发展。共建共享还可以使不同水平的成员之间共同发展。

4. 虚拟教研室的跨界性

从虚拟教研室上述三个特点和教育未来的发展趋势来说，虚拟教研室的跨界性（跨专业、跨校、跨地域）不言而喻，虚拟教研室的跨界建设需要虚拟实践的支撑。虚拟实践是人类对其实践方式进行的具有历史意义的重大变革，虚拟实践第一次使人类的实践对象不再是纯粹的物质世界，而是以信息符号处理转换作为实践手段，并在人工智能和人的感官体验的基础上扩展语言符号系统，并将其"再造"成虚拟的符号系统，来构建人的创设对象。

（三）虚拟教研室的分类

虚拟教研室的分类目前还没有严格的标准，依据《教育部高等教育司关于开展虚拟教研室试点建设工作的通知》，可按两种方式对虚拟教研室进行分类。

1）按建设范围分类，虚拟教研室可分为校内虚拟教研室、区域性虚拟教研室、全国性虚拟教研室。教育部为扩大虚拟教研室的辐射与"传帮带"作用，鼓励有条件的高校建设全国性或区域性虚拟教研室。

2）按建设内容分类，虚拟教研室可分为课程（群）教学类虚拟教研室、专业建设类虚拟教研室、教学研究改革专题类虚拟教研室等。

虚拟教研室的分类使人们更加明确其内涵，也方便教师根据自己的需求与发展目标有针对性地选择所要参加的虚拟教研室类型，使虚拟教研室的建设更加务实与灵活。

二、虚拟教研室建设原则

虚拟教研室是当今高等教育发展中涌现出来的新生事物，如何建好虚拟教研室是目前研究者关注的热点。《教育部高等教育司关于开展虚拟教研室试点建设工作的通知》指出，"以立德树人为根本任务，以提高人才培养能力为核心，以现代信息技术为依托，试点先行、稳步推进，建设一批类型多样、动态开放的虚拟教研室，建强基层教学组织，引导教师回归教学、热爱教学、研究教学，为高等教育高质量发展提供有力支撑"，这就为虚拟教研室这一基层教学组织的建设指明了方向。

（一）突破传统教研界限，创新教研新形态

虚拟教研室建设要探索如何突破传统的专业、学科、校园及时空界限，充分运用互联网、信息技术，构建高效便捷、形式多样、"线上+线下"相结合的虚拟教研室成员之间的交流与沟通模式，形成基层教学组织建设管理的新思路、新方法、新范式，充分调动教师的教学活力，厚植教师教学成长沃土。

（二）加强教学研究，探讨人才培养机制

虚拟教研室建设要能够充分发挥不同成员的教学优势，形成依托虚拟教研室的教学研究氛围（环境），深化成员之间的教学研究协作与融合，推动教师加强

对专业建设、课程实施、教学内容、教学方法、教学手段、教学评价等方面的研究与探索，提升其教学研究的意识，凝练和推广研究成果，形成人才培养的新模式。

（三）明确分工合作，共建优质教学资源

虚拟教研室建设要形成以责任约定为核心的管理机制，要有明确的分工合作，各虚拟教研室成员要在充分研究与交流的基础上，协同共建人才培养方案、教学大纲、知识图谱、教学视频、电子课件、习题试题、教学案例、实验项目、实训项目、数据集等教学资源，形成优质共享的教学资源库。

（四）深化教师培训，提升教师教学能力

虚拟教研室建设要抓住"教师培训"这个主题，利用虚拟教研室中的国家级教学团队、教学名师等资源，开展常态化的教师培训，发挥"以老带新""传帮带"作用，推广一流课程、优质教材的示范与引领作用，开展教学技能培训，实施教师集体备课、教学观摩、教学评价、教学竞赛，促进一线教师教学能力的提升与发展。

三、国家虚拟教研室的建设案例

教育部分别于2021年、2022年评选了两批国家虚拟教研室建设试点，首批439个[①]，第二批218个[②]，共计657个，由此拉开了国家虚拟教研室建设的大幕。此外，也有不少省份开展了省级虚拟教研室的建设工作，从而为虚拟基层教学组织的建设添砖加瓦，虚拟教研室建设已经成为一种趋势。

[①]　教育部办公厅.（2022-02-21）[2023-05-04].教育部办公厅关于公布首批国家虚拟教研室建设试点名单的通知.http://www.moe.gov.cn/srcsite/A08/s7056/202203/t20220322_609822.html.

[②]　教育部办公厅.（2022-05-30）[2023-05-04].教育部办公厅关于公布第二批国家虚拟教研室建设试点名单的通知.http://www.moe.gov.cn/srcsite/A08/s7056/202206/t20220602_634144.html.

常州大学以安全工程专业为主导，联合石河子大学、辽宁石油化工大学、广东石油化工学院相关专业教师组建的"石油化工安全技术课程虚拟教研室"，有幸成为教育部第一批虚拟教研室建设点。下面对"石油化工安全技术课程虚拟教研室"的情况作一简要介绍。

（一）"石油化工安全技术课程虚拟教研室"成员构成情况[①]

"石油化工安全技术课程虚拟教研室"以石油化工生产链为主线，以"安全"共性为纽带，由常州大学、石河子大学、辽宁石油化工大学、广东石油化工学院组成院校联合体，2021 年申报时共有成员 27 人，教师涵盖了安全工程、化学工程与工艺、环境工程、石油工程、过程装备与控制工程等多个专业。成员中有"万人计划"国家教学名师 2 人，全国教育系统先进教育工作者 1 人，全国优秀教师 1 人，国家百千万人才工程 2 人，国家有突出贡献中青年专家 1 人，国家杰出青年 1 人，霍英东教育基金会青年教师奖获得者 1 人，全国石油和化工教育教学名师 2 人，江苏省高校"青蓝工程"优秀教学团队 2 个。在学历结构上，博士 22 人（81.5%），硕士 3 人（11.1%），学士 2 人（7.4%）；在职称结构上，正高级 19 人（70.4%），副高级 5 人（18.5%），讲师 3 人（11.1%）；在年龄结构上，60 岁以上 1 人（3.7%），50—60 岁 12 人（44.4%），50 岁以下 14 人（51.9%）。

为强化"课程思政"与"思政课程"同向同行，协同育人，"石油化工安全技术课程虚拟教研室"与马克思主义学院结对共建，马克思主义学院委派两名思政课教师参与教研室建设工作与活动。

"石油化工安全技术课程虚拟教研室"还与厦门熙宝源化工技术有限公司开展深度合作，根据公司的业务特色与人才培养对实践教学的要求，将公司的工业过程安全管理、智能化和信息化系统服务、工艺安全分析、安防工程、人工智能、工业检测与监控等先进技术、生产过程、管理与控制程序等进行简化、提炼，并应用信息技术、网络技术等进行模拟仿真虚拟化，形成相应的模拟仿真虚拟场景系统，提

---

① 本部分所涉及的数据采集于常州大学石油化工安全技术课程虚拟教研室。

高实践教学的有效性。

（二）石油化工安全技术课程（群）简介

石油化工安全技术课程（群）以石油化工生产"安全"为核心，由国家级一流本科线上课程"安全风险分析与模拟仿真技术"、国家级虚拟仿真实验教学一流本科课程"危化品运输管理与应急处置虚拟仿真项目"与常州大学—流课程"安全技术概论"组成，形成从安全基础知识学习、安全管理与应急处置虚拟仿真实验到安全风险分析与控制的教学体系，旨在培养石油化工相关专业人才的安全意识、安全思维与安全技能。

1."安全风险分析与模拟仿真技术"课程

"安全风险分析与模拟仿真技术"课程是石油化工类专业学生进一步认识安全、提升安全意识与安全技能的一门专业课程。

该课程以"学生中心、产出导向、持续改进"的教育理念为指导，应用信息技术，在风险辨识与风险分析的基础上，重点讲述计算机辅助安全风险分析、评估方法及工程应用；通过学习计算机辅助安全分析技术，使学生掌握基于事故发生概率、后果及疏散模拟计算的风险评估方法，结合风险分析的前沿发展现状和趋势，培养学生安全风险分析的系统思维和对复杂安全工程问题进行风险预测与分析的综合能力。

该课程采用线上线下相结合的讲授方式，线上进行理论教学，线下进行上机实验操作，结合安全工程实践问题，开展线上线下混合式教学的改革与实践。

该课程教学主要面向三类学习者，分别是安全工程专业学生、石油化工相关专业学生，同时向全社会成员开放，为企业安全生产、政府安全监督管理部门提供风险分析的技术支撑。

2."危化品运输管理与应急处置虚拟仿真项目"课程

"危化品运输管理与应急处置虚拟仿真项目"课程针对危化品物流运输管理与应急处置具有明显的潜在危险性和事故不可重现性特点，很难在教学中开展真实演练的困局，面向安全生产需求，坚持问题导向，本着"能实不虚，虚实结合，相互补充"的原则，立足学校石化行业特色背景，以特殊行业人才培养为目标，针对石化产品生产链的运输过程，开发沉浸式的危化品物流运输管理与应急处置虚拟仿真实验实训教学。

该课程包含基本知识（理论知识、安全知识）、在线考核、运输管理（调度安排、路径优化、安全监测、成本核算）、应急处置（事故处理）四个模块，环环相扣，层层递进。学生在完成基础理论知识学习与在线测试考核之后，可自主规划运输路径、车辆人员调度安排并进行运输成本核算。另外，危化品运输管理与应急处置虚拟仿真系统将运输事故设置为随机模式，以全面锻炼与提升学生在实践过程中的应急反应与处置能力。

该课程坚持"安全第一"的原则，结合石化行业运输的特点，在危化品运输管理与应急处置虚拟仿真实验实训的教学中，采用交互沉浸式、自主探究式和线上线下混合式等教学方法，将危化品运输事故案例融入虚拟仿真实验实训过程中，提升学生对危化品运输安全场景的辨识与分析能力，强化学生对危化品运输管理与应急处置的体验感，培养学生在石油化工生产"安全"中的综合技能。

3."安全技术概论"课程

"安全技术概论"课程以系统安全工程为理论基础，以各种能量意外释放的事故致因为分析主线，概括性地介绍了安全工程的基本思想、基本知识，从化工、建筑、机械、电气以及职业危害防护等方面介绍了预防事故的基本原理和基本技术，旨在培养学生的安全意识，使其树立正确的安全观，在石油化工安全生产中具有科学的安全思维，能够正确地运用安全方法与技术开展安全生产，具有社会责任感。

该课程自2013年开设以来，主要面向化学工程与工艺、高分子材料与工程、过程装备与控制工程、应用化学、生物工程、食品质量与安全、能源化学工程、能源与动力工程、物联网工程、金属材料工程、材料化学、环境工程、土木工程、消防工程等18个本科专业开设，每年授课学生为1500余人，截至2022年已累计开课8次。

该课程实施案例式教学，打破了传统的知识传授方式，注重培养学生的思维能力、创新能力和解决实际问题的综合能力。该课程结合石油化工人才培养对安全的要求，加强对课程教学内容的改革，强化课程的基础性与前沿性，课程资源丰富，形式多样，已经建设成为常州大学优秀在线课程。

该课程采用线上线下相结合的教学模式，通过网络视频教学，为学生学习安全技术基础知识、了解安全工程进展提供支撑；通过线下案例学习及分析，培养学生运用课程基础理论解决实际安全问题的综合能力。该课程具有拓展性，学生可根据自己的需求，通过线上线下的自主拓展学习、讨论、交流，实现安全技术与本专业技能的融合。

（三）"石油化工安全技术课程虚拟教研室"的特色

1. 虚实结合的多专业融合基层教学组织

"石油化工安全技术课程虚拟教研室"所包括的四所院校均具有石油化工特色，该虚拟教研室以石油化工安全生产链为关联，应用互联网及信息技术，达到多专业的融合，形成"智能+"的新型超时空基层教学组织。

2. 国家教学名师为核心的教师教学发展共同体

"石油化工安全技术课程虚拟教研室"充分发挥国家教学名师的引领作用，以提升人才培养能力为核心，通过"虚拟教师之家""虚拟教学工作坊""虚拟教学技能比武厅""虚拟教学点评台"等虚拟平台，将不同区域、不同专业的教师联系在一起，形成教师教学发展共同体，促进教师之间的研讨、交流与共同发展。

3. 国家级一流本科课程引领的共享教学资源

"石油化工安全技术课程虚拟教研室"广泛总结人才培养的共性，以国家级一流本科课程为引领建设和共享教学资源，形成以石油化工安全生产链为纽带的课程群，为学生的个性发展、专业融合提供优质的共享教学资源。

4. 学生为中心持续改进的教育教学质量文化

"石油化工安全技术课程虚拟教研室"根据石油化工人才的特质，将"懂技术、会管理、能吃苦"的培养要素融入教学全过程，将高等教育国家级教学成果奖一等奖"五元"人才培养模式发扬光大，抓好"课程思政"这一关键，一切为了学生的成长、成才、成人而服务。

（四）"石油化工安全技术课程虚拟教研室"的建设目标

"石油化工安全技术课程虚拟教研室"以习近平新时代中国特色社会主义思想为指导，以立德树人为根本任务，以提高人才培养能力为核心，以现代信息技术为依托，旨在建设成为国内一流的示范性虚拟基层教学组织。

1. 构建专业融合的"智能+"虚拟教研室运行模式

"石油化工安全技术课程虚拟教研室"充分利用现代信息技术，建设"虚拟教师之家""虚拟教学工作坊""虚拟教学技能比武厅""虚拟教学点评台"等虚拟平台，将院校联合体内不同专业的教师融合在一起，打造教师教学发展共同体。

2. 形成院校联合体跨专业的优秀教学团队

"石油化工安全技术课程虚拟教研室"以石油化工全过程生产链为纽带，将院校联合体内不同专业的教师汇集在虚拟教研室，实现教师之间的思维和视角互补，促进教师之间相互交流，形成高度融合的教学团队，以共享教育成果，促进教学的多样化与创新性。

3. 取得一批教学研究与实践共享成果

"石油化工安全技术课程虚拟教研室"从提升教师的教学研究意识与能力入手，共享教学经验，开展院校联合体跨专业的教学研究与实践，力争在专业建设、课程与教材建设、教学内容与方法、教学改革与评价等方面取得一批教学研究与实践共享成果。

4. 打造"以学生为中心、开放合作共赢"的教育质量文化

"石油化工安全技术课程虚拟教研室"以学生为中心，打破专业壁垒，以开放合作共赢的姿态，打造一切为了学生成长、成才、成人的教育质量文化。

（五）"石油化工安全技术课程虚拟教研室"的建设内容

"石油化工安全技术课程虚拟教研室"按照《教育部高等教育司关于开展虚拟

教研室试点建设工作的通知》的要求，采用课程（群）教学类建设方式进行建设，具体建设内容如下。

1. 坚持立德树人，融合课程（群）强化石化特色

"石油化工安全技术课程虚拟教研室"以石油化工生产链为纽带，以虚拟教研室为载体，对院校联合体中的课程进行优化融合，共同探索"立德树人"的课程思政教育，共创石化特色的育人途径，凝练石化特色的育人元素，在融合课程（群）建设的同时坚持履行立德树人使命。

2. 创新教研形态，共同打造"智能+"育人环境

"石油化工安全技术课程虚拟教研室"充分发挥虚拟教研室的平台优势，应用各种信息技术，以更为灵活的组织方式、更加多元的形态，突破时空的限制，组织不同专业的教师积极参与同一虚拟时空，打造与新时代人才培养要求相适应的优势互补、资源共享、互联互通的"智能+"育人环境。

3. 深化教学改革，共建优质教学资源

"石油化工安全技术课程虚拟教研室"在虚拟教研室的基础上，进一步构建"虚拟教师之家""虚拟教学工作坊""虚拟教学技能比武厅""虚拟教学点评台"等虚拟平台，吸引院校联合体内不同专业的教师积极参与，教师可以随时随地在虚拟平台上提出其在教学中遇到的困惑，分享教学中的经验，并就相关课题展开讨论，从而加快课程与教材的研发与建设，形成一批有特色、代表性强、数量充足的课程、教材等优质教学资源，服务学生自主学习，提高学生学习的积极性和课程的挑战性。

4. 拓展教师培训，提升教师整体教学水平

"石油化工安全技术课程虚拟教研室"充分发挥国家教学名师的引领作用，在院校联合体内对不同专业的教师开展针对性的指导与合作，使不同专业的教师通过交叉听课与观摩、相互交流与点评，以取长补短，再结合不同专业的实际制订个性化的教学方案，实现教学内容、教学方法、教学设计、教学技能等的共享，充分利用"石油化工安全技术课程虚拟教研室"的组织载体作用，加快教师整体教学水平的提升，强化教育教学在院校联合体内不同专业的公平性。

5．打造教育教学质量文化，深化院校联合体的课程教学融合

"石油化工安全技术课程虚拟教研室"秉持以学生为中心的理念，打破传统的专业人才培养壁垒，以开放合作共赢的姿态，打造一切为了学生成长、成才、成人的教育教学质量文化。院校联合体内的课程教学融合，无论是在课程教学的视野方面，还是在对课程教学的认知与感悟方面，都与单一学校的课程教学有显著不同，教师与学生不仅能通过课程教学的融合获得知识层面的拓展，也能感受到不同学校的教学精神与文化。同时，不同学校的课程教学也相互影响，教师不仅更加注重自身的教学问题，还会从学生的角度思考问题。态度的改变带来了行为的改变，不仅提升了教师的教学能力，还促进了人才培养质量的提升。

第六章

本科人才培养的教学研究

教学研究在本科人才培养中占有重要地位，对于促进本科人才培养的改革与创新具有重要的意义。本章将结合常州大学安全工程专业在本科人才培养中的教学研究实践，探讨如何有效地进行教学研究的相关问题。

第一节　教学研究概述

一、教学研究的意义

教学研究的意义是什么？这是一个十分宽泛的问题。一般来说，教学研究的意义在于通过认真总结和吸取人才培养的教学历史经验与教训，不断探索教学的规律与发展趋势，使教学研究在人才培养中发挥其引领与推动作用。

"学会生存"是为纪念联合国教科文组织成立五十周年发出的教育呼吁，是对教育世界今天和明天的描绘，也是教学研究的意义所在。联合国教科文组织一贯倡导"教育机会均等""终身教育""走向学习化的社会"等教育理念，如何将这些教育理念融入人才的培养教学之中，促进高等教育的高质量发展，也是教学研究需要解决的重要问题。

从人才培养的教学角度而言，教学研究的意义主要表现在如下方面。

（一）教学理念的创新与发展

教学理念是教学实施的灵魂。随着社会的发展，教学理念也在不断变化与发展。这种变化与发展需要教学研究的支撑，要不断探索教学理念的内涵与具体教学过程的关系，发挥教学理念对教学的指导与引领作用。

教学理念是教育者在教学活动中持有的一种看法、态度和观念，对教学活动的实施具有重要影响。教学理念的内涵是极其丰富的，既有宏观的，也有微观的，既有理论层面的，也有操作层面的。

教学理念的创新与发展是教学研究的首要任务，其具体内涵一般包括关注学生的进步和发展、关注教学效益、关注可测性和量化，需要教师具备一种反思意识，采取有效的教学策略等。

（二）教学模式的创新与发展

教学模式是教学实施的一种架构与路径。一般认为，教学模式是在一定的教学思想或教学理论的指导下建立起来的较为稳定的教学活动结构框架和活动路径。

教学模式的结构框架就是指从宏观上把握教学活动的整体性，控制各教学要素之间的关系和功能。教学模式主要突出教学活动的有序性和可操作性。

教学模式是教学活动的基本结构，每个教师都自觉或不自觉地按照一定的教学模式进行教学活动，因此关注教学模式的创新与发展是教学研究的核心任务。

在对教学模式的创新与发展进行研究时，研究者需要注意教学模式的五个特点，即指向性、操作性、完整性、稳定性及灵活性。

（三）教学方法的创新与发展

教学方法是落实教学活动的具体操作，一般由教学方法指导思想、基本方法、具体方法、教学方式四个层面组成。对教学方法的研究一定要厘清"教的方法"与"学的方法"两个方面。教学方法是促进教育者与受教育者之间进行交流与融合的方法，常用的方法有讲授法、研讨法、直观演示法、练习法、项目驱动法、观摩教学法、现场教学法、自主学习法、读书指导法、情景教学法等。信息技术、互联网技术的发展大大拓展了教学方法的范畴，给教学方法研究的创新与发展提供了更广阔的空间。

教学方法的内涵丰富，历史悠久。研究者要站在时代的前沿，对不同社会背景、文化氛围的教学方法进行系统的思考与研究，从研究问题的不同角度出发，探寻中外不同时期所采用的不同的教学方法，为人才培养提供最佳的教学方法。

（四）其他方面的创新与发展

除了上述三个方面的创新与发展之外，在人才培养教学的方方面面，如专业建设、课程建设、教材建设、教学内容、考核评价、学生发展、教学平台、教学环境、教学文化等，还有很多可研究、可创新、可发展的事情，这些方面对培养高质量的专业人才都有不同程度的影响，它们之间相互关联、相互制约、相互发展。

在教学研究中，不能孤立地就研究而研究，一定要以学生为本，从整体出发，统筹规划，合理实施，以便发挥教学研究在人才培养方面应有的作用。

二、教学研究的内涵

教学研究的实质就是以教学为对象的学术研究，其主要的研究内涵包括探索教学规律、发现教学问题、引领教学发展、促进人才培养等方面。

（一）探索教学规律是教学研究的基础

教学规律是指教学现象中客观存在的具有必然性、稳定性、普遍性的联系，其核心是教学关系。教学规律对教学活动具有制约作用，是实施教学的重要依据。教学规律既具有普遍性，又具有特殊性。对教学规律的探索一定要抓住教学关系，从时间的变化与人（教师与学生）的发展出发，探索教学对人的成长效能。探索教学规律的研究过程如图6-1所示。

由图6-1可见，教学规律探索研究的核心是教学关系，教学关系实际上是指在一定的教学背景下形成的师生关系，并由此产生教学活动。在教学活动中，为有效地调控教学关系，可从以下四个方面加以思考。

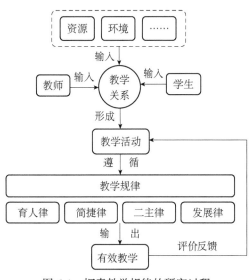

图 6-1　探索教学规律的研究过程

1. 教学的育人律

育人是教学的核心任务。教学研究旨在把育人的各个要素（如世界观、人生观、价值观等）融入教学的全过程，通过教师的言传身教、教学环境的熏陶等过程，使学生在掌握知识的同时，在思想感情、立场观点、意志性格、道德品质等方面也得到一定的教育与熏陶，从而促进学生的健康成长。

2. 教学的简捷律

传授知识是教学的重要任务。如何让学生以最简捷的方式获得较为完备的知识体系是至关重要的。要引导学生正确、科学地处理和利用已有知识与新知识的联系，让学生在掌握基本知识的基础上学会知识的重构与迁移，并能够将知识运用到不同的情景中，培养学生对客观世界感知、认识、理解、创新的综合素养。

3. 教学的二主律

探索教学的二主律是教学研究的关键问题。要正确理解教学活动中教师教学的主导地位与学生学习的主体地位，明晰教师的主导与学生的主体是辩证统一的关系，促进二者的平等相处与互融，使教学活动更为积极、有效。

4. 教学的发展律

教学的目标就是发展人（包括教师与学生）。教学是教师和学生的共同活动，两者处在"教-学"的关系之中。教师在教学过程中需要不断重新认识自我，不断提升自我。学生在教学过程中，通过教师的引导作用，智力、体力、审美、情感、意志、个性心理品质等方面得到全面发展。

在教学过程中，要用发展律调控掌握知识与发展智力、培养能力的辩证统一关系。无必备的知识基础，智力、能力就成为无源之水、无本之木。但是，知识多并不意味着智力高、能力强，知识转化为智力、能力需要"发展"的过程，教学研究就是探索知识传授对发展智力、培养能力的新路径。

（二）发现教学问题是教学研究的关键

教学研究的一个重要内容就是发现教学存在的问题，只有发现了问题，才能进行有效教学。发现教学问题是一个较为复杂的过程，教师需要有正确的思维与视角、相应的教学经历、积极的心理与生理特质、对教学过程的反思与提炼等。

1. 正确的思维与视角

问题在教学过程中是客观存在的，关键在于能否"感觉→知觉→表象→思维→定义"教学问题。这是发现教学问题的一般过程。对于不同的个体，这一过程也是千差万别的。即使是同一个体，在不同的时空环境下，这一过程也会发生变化。因此，只有从正确的思维与视角出发发现问题，才能进行科学的教学研究。

2. 相应的教学经历

发现教学问题是以教学经历为基础的，是在教学过程中发现的。这就要求教师善于教学，在教学过程中体验教学、感悟教学，这样也能有效地发现教学问题。

3. 积极的心理与生理特质

教师要学习一些教育心理学的相关知识，要能够正确了解与认识自己的心理与生理状态，强化自我意识性、自我认识性、自我体验性、自我控制性、环境适应性的综合修养，培养自身对问题的感知能力。

4. 对教学过程的反思与提炼

教学问题是在教师对教学进行反思与提炼的基础上产生的，教师要有反思的意识与技能，并善于总结、提炼，由此才能发现有价值的教学问题。

（三）引领教学发展是教学研究的核心

教学研究是引领教学发展的催化剂与驱动力。教学研究就是在一定的理论指导下研究教学过程中的现象、问题，揭示教学的一般规律，同时在此基础上研究如何遵循、运用教学规律来解决教学问题、提升教学效果的一种方法、策略与技术。教学研究要有利于教学的改革与发展，要引领教学发展的理论、方法与路径。

对教学理论、方法与路径的研究是一个系统性的过程，教学理论一定要来源于教学实践，并回归对教学实践的指导，是"认识→实践→再认识→再实践"的过程。教学研究要能有效地把握教学理论、教学实践的这种辩证关系，全面引领教学在人才培养方面的育人作用。

（四）促进人才培养是教学研究的最终目的

教学研究的最终目的是人才培养，因此教学研究必须围绕人才培养的定位与目标进行。在教学研究中，一定要有明确的专业载体，结合社会对专业人才的需求，进行认真、全面、科学的分析，并落实到专业人才培养的具体层面，如人才培养模式、人才培养目标、人才培养的毕业要求、人才培养的课程体系、人才培养的教学方法、人才培养的实践平台等。

三、有关教学研究的几个问题

教学研究需要关注的问题有很多，但是从社会发展对人才培养需求的角度来说，下面几个问题是首先需要关注的。

（一）联合国教科文组织定义的21世纪教育"四大支柱"

"学会认知、学会做事、学会共同生活和学会生存"是联合国教科文组织在1998年的报告《教育——财富蕴藏其中》中提出的[1]，也被称为21世纪教育的"四大支柱"。这四个方面是对一个人立足社会的基本要求，也是教育必须面对的基本问题。教学研究要对"四大支柱"进行深入剖析，探索"认知-做事-共同生活-生存"的逻辑关系及其教育意义。

1. 学会认知

学习不是单纯地获取知识，而是个体认识事物的一种手段与目的。作为手段，学习可以使个体了解自己所处的环境，并发展自己适应环境的综合能力。作为目的，通过发现与认识事物，个体会对学习产生浓厚的兴趣，促进其对学习的进一步深入理解。

---

① 联合国教科文组织.2001.教育——财富蕴藏其中.联合国教科文组织总部中文科译.北京：教育科学出版社.

2. 学会做事

学会做事是学会认知的延续，两者相辅相成，它们之间的区别是，学会做事与职业之间的关系更为密切。做事是职业的一种表现，是在认知的基础上对职业的一种把握，是一种通过教育与学习而获得的职业资格、社会行为、沟通、协作、管理、创新等能力的综合。

3. 学会共同生活

社会发展到今天，没有人能独善其身。人类只有共同生活，才能有效地面对复杂的社会变革与竞争。因此，人们需要通过教育与学习认识人类社会的多样性、相似性及相互依存性，学会求同存异、共同生活、共同发展。

4. 学会生存

人们要充分认识教育对人的智力、身心、审美意识、个人意志，以及世界观、人生观、价值观的全面发展的意义。每一个个体都要在其人生不同的发展阶段接受相应的教育，培养独立自主的精神，使自身具有批判意识和判断能力及行为规范，以适应千变万化的社会环境，承担各种不同的社会责任。

（二）所有的教育都离不开特定的文化模式、社会规范与价值期望

文化模式、社会规范与价值期望是教育不可回避的核心问题，无论哪一个国家的教育，都是在特定的文化模式、社会规范与价值期望基础上进行的。

我国有独特的历史、独特的文化和独特的国情。教学研究要遵循习近平总书记"办好高等教育，事关国家发展、事关民族未来。我国高等教育要紧紧围绕实现'两个一百年'奋斗目标、实现中华民族伟大复兴的中国梦，源源不断培养大批德才兼备的优秀人才"[①]的要求，通过对中国文化模式、社会规范与价值期望的研究，认清中西之间的本质差异，坚持我国高等教育的发展方向要同我国发展的现实目标和未来方向紧密联系在一起，为人民服务，为中国共产党治国理政服务，为巩固和发展中国特色社会主义制度服务，为改革开放和社会主义现代化建设服务。

---

① 习近平. (2016-04-22) [2023-05-05].习近平致清华大学建校 105 周年贺信.http://www.moe.gov.cn/jyb_xwfb/moe_176/201604/t20160422_239836.html.

教学研究要探讨文化模式、社会规范与价值期望对课程、教材、教学的引领作用，同时要提升教师立德树人的行为规范。

（三）转变教学理念、创新教学模式是教学研究的重点

1. 教学理念

教学理念是对教学一系列重大问题的倾向性认识，受到社会政治、经济、文化传统等因素的综合影响。教学研究要准确把握社会政治、经济、文化传统等因素的发展与变革，牢固树立"学生中心、产出导向、持续改进"的教学理念，如图6-2所示。

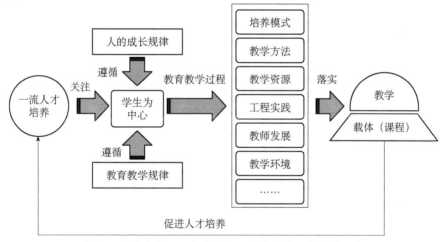

图6-2　"学生中心、产出导向、持续改进"的教学理念

由图6-2可见，教学理念的核心是人才培养，必须以学生为中心，要遵循人的成长规律，遵循教育教学规律，并在教育教学过程中研究培养模式、教学方法、教学资源、工程实践、教师发展、教学环境等教学要素，最终落实到以课程为载体的教学之中，实现一流人才的培养与持续改进。

2. 创新教学

创新教学是相对于传统教学而言的，也就是要打破传统的知识传授、较少交流的课程教学、脱离实际的教学内容、死记硬背的考核方式等，建立全面而自由发展

的教育、碰撞思维启迪智慧的课堂教学、多元活泼的教学方法、灵活多样的考核方式等，通过提升教师的教学能力，实现培养学生创新意识、创新精神、创新思维、创新能力的教学过程。创新教学的过程如图6-3所示。

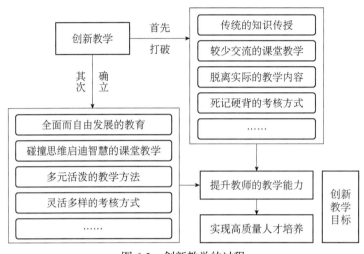

图 6-3　创新教学的过程

转变教学理念、创新教学模式就是从如何教转向如何学，考核从注重结果转向注重过程。教师不仅是知识的传授者，还是教学的设计者、学生学习的引导者。学生不再是被动接受知识的容器，而是从机械接受知识转向对知识的理解与运用，最终成为知识的构建者与生成者。

（四）现代教育技术是促进教育教学改革创新的催化剂

信息技术、计算机技术、网络技术等新技术的发展，正在改变知识的承载、传播与应用方式，教育教学也不可避免地受到影响与冲击。研究信息技术、计算机技术、网络技术等在教育教学中的应用已成为教育教学改革创新的重要内容，成为教育教学发展的催化剂。

教育者在教学研究过程中要充分认识到网络资源对开阔视野、拓展知识、开发技能，现代化信息技术教学手段对优化课程结构、提高教学效率，多媒体融合教学对激发学习兴趣、激活多元思维的重要意义，要结合教育教学过程的实践，实现对教育教学的"五个促进"：促进教育教学理念的转变与创新；促进教师教学模式和教学方法的改革与创新；促进学生学习方式和方法的转变与创新；促进课程体系、教材、教学内容、实验实训等教学资源的改革与创新；促进教学过程中教师、学生之间关系的转变与创新。

（五）人是教育教学过程中最活跃的要素

教育教学过程是以人（教师与学生）为中心的动态变化过程，在这一过程中，要尊重人的主体性，充分激发人的创造性，开发人的潜力。建立教师与学生之间有效沟通、交流与合作的和谐关系是做好教育教学、实现人才培养的关键。

以人（教师与学生）为中心的教育教学过程如图6-4所示。

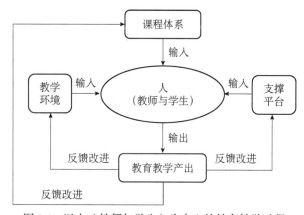

图6-4 以人（教师与学生）为中心的教育教学过程

由图6-4可见，以人（教师与学生）为中心的教育教学过程通过课程体系、支撑平台与教学环境三个要素的输入，经过教师与学生的作用，最终获得教育教学产出，再根据对教育教学产出的分析与评价，对三个输入进行反馈改进，从而实现教育教学效果的螺旋式提升。

第二节 教育教学研究的思路与方法

确立科学的教育教学研究思路，选择合理有效的研究方法是做好教育教学研究的前提，下面将就这两个问题展开探讨。

一、确立科学的教育教学研究思路

教育教学研究必须遵循客观性、系统性、可靠性、创新性、科学性与人文性的特点，树立以人为中心的研究理念，扎根教育教学实践过程，全方位探讨人才培养的内涵与外延，为实现高质量人才培养提供理论与方法支撑，这才是科学的教育教学研究思路。教育教学研究过程可分为研究的选题、研究方案的确立、研究的展开与实施、研究成果的形成、研究成果的推广应用五个环节，如图6-5所示。

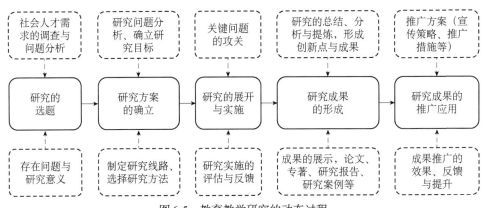

图6-5 教育教学研究的动态过程

1. 教育教学研究的选题

教育教学研究的选题是研究的起点，科学合理的选题对教育教学研究的有效开展是至关重要的。一般来说，确定选题要经过如下步骤，首先要调查与分析社会对人才的需求，然后发现相关的急需解决的问题，最后根据发现的问题确立研究选题。选题时应注意如下问题。

1）选题切忌"空""大"，要有具体的研究对象及载体，研究方向要清晰、目标要明确，要能满足经济社会发展对人才的需求。

2）选题一定要扎根专业土壤，与专业人才培养相关联，要依据专业人才培养目标与毕业要求合理确定选题。

3）选题要切合研究者的实际情况，要具有支撑选题研究的研究能力、实验条件与研究环境。

2. 教育教学研究方案的确立

教育教学研究方案的确立是第二个环节，这一环节需要制定可行的研究技术路线、选择科学合理的研究方法和确立详细的计划实施表。

研究方案的制定建立在对研究对象、研究问题与研究目标的全面分析的基础之上，这一过程要细致、扎实，实际上也是对整个研究过程的全面思考与推演。

3. 教育教学研究的展开与实施

这一环节是指按照既定的研究方案与研究方法，从教学的细节做起，以解决教学过程中的实际问题为落脚点展开系统的研究，要抓住关键问题进行攻关，并及时对研究结果进行评估，通过评估发现研究取得的进展与存在的问题。对于进展，要据此形成下一阶段研究的基础；对于问题，要进行深入的思考与剖析，通过反馈机制对研究方案进行修改与完善，进而使研究不断推进与深化。

在教育教学研究的实施过程中，要能够仔细地品味教育教学研究的点点滴滴，通过深刻的教育教学体验与反思，形成源源不断的研究动力。

4. 教育教学研究成果的形成

教育教学研究最终需要形成各种形式的成果，如论文、专著、研究报告、研究案例等。无论是哪种形式，都需要对研究成果进行系统的总结、分析与提炼，都要能够充分反映研究的内涵与外延。

教育教学研究成果的形成需要坚持不懈的努力，是建立在勤于思考、勤于创新、勤于实践、勤于总结、不断积累的系统性研究之上的。

5. 教育教学研究成果的推广应用

教育教学研究的成果不仅要对本专业的人才培养发挥指导作用，还要能够为他人所用，从而促进教育教学的发展。

研究成果的推广应用是研究的最后环节，也是检验研究效果的主要手段与方法。在这一环节，首先要做好推广方案，包括成果的宣传策略、推广措施等；其次要在成果推广的过程中做好推广效果的评估、反馈工作，以不断改进与提升推广效果，使研究成果在教育教学过程中真正发挥催化剂与原动力的作用。

二、教育教学研究方法的选择

研究思路确定之后，接下来就要选择研究方法。对于同一问题，其研究方法可能有若干种，如何适应研究的需要而有的放矢地选择合适的方法就显得尤为重要。

1. 教育教学研究方法的理解

要正确地选择研究方法，首先要正确理解教育教学研究方法的含义，也就是教育教学研究方法是什么的问题。一般地说，教育教学研究方法就是按照某种路径，有组织、有计划、系统地探讨教育教学规律和构建教育教学理论的方式。通过对教育教学研究方法的概念分析、历史分析、案例剖析，探寻教育教学研究方法的性质、特点、功能及类型，进而揭示教育教学研究方法产生及发展的历史过程和规律，可以为教育教学研究方法的选择与使用提供支撑。

其次是教育教学研究方法如何做的问题。教育教学研究方法是通过具体的教育教学研究过程展开的，对不同的教育教学问题的研究可能存在一定差别，但其基本程序是相同的。教育教学研究一般是以教育教学现象为对象，以科学方法为手段，遵循一定的研究程序（如研究问题的确立→研究方案的设计→研究的实施→研究分析及提升→研究的总结、评估及应用），以获得教育教学规律性知识为目的的一整套系统研究的过程。

2. 教育教学研究方法的基本类别

从不同的角度出发，教育教学研究方法有不同的分类，目前比较流行的分类如下。

1）理论研究法。这类方法主要包括归纳、演绎、类比、分类、比较、分析、综合与概括等，往往针对复杂教育教学问题的性质及相互关系，从理论的角度对教育教学现象进行理论分析与综合、抽象与概括，从而发现其内在的规律或一般性的结论。

2）实证研究法。这类方法主要包括观察法、问卷法、访谈法、测量法等，一般是通过问卷、访谈、观察以及相关测量等手段获取研究所需要的数据资料，再对这些数据资料进行整理、归类、分析、提炼，以验证研究所提出的假设，回答研究所涉及的相关教育教学问题，实现研究所确定的目标。

3）实验研究法。一般而言，实验研究法主要有实验、实验与理论分析，随着计算机技术、信息技术、网络技术的发展，数据模拟仿真（3D虚拟现实）也逐渐被应用到教育教学研究之中，极大地丰富了实验研究法的内容及应用，如实验与数值模拟仿真，实验、理论分析与数值模拟等。

4）历史研究法。这类方法主要有文献研究法、内容分析研究法、比较研究法等，主要是通过对过去教育教学事件发生过程的了解与阐释，系统地探讨教育教学历史中过往事件发生的原因、发展过程与结果，揭示其发展趋势与规律，从而对现代教育教学现象的发展趋势进行精准预测。

5）系统综合研究法。由于教育教学研究涉及以人为核心的复杂性社会系统，具有极大的可变性、多元性、时空性等特点，采用上述所介绍的某一种研究方法进行研究都会存在一定的不足，为此，系统综合研究法应运而生。系统综合研究法就是从系统的角度出发，采用系统理论分析、综合实验证明、发展历史对比、数值模拟仿真等方法和手段，对教育教学现象进行分解、解释、分析、综合、提升，以挖掘教育教学的内涵与规律。

三、教育教学研究应遵循的基本原则

在选择与应用教育教学研究方法过程中，一定要结合专业人才培养的需求与现实，并遵循如下基本原则。

1. 教育教学研究的客观性原则

客观性原则是指研究一定要以教育教学的客观事实为基本，以教育教学现象的本来面目为依据，在研究中要杜绝主观臆断、望风捕影的不良作风。

为贯彻客观性原则，首先，研究者要有正确的态度与优良的作风，态度影响一切，作风影响成败，研究者一定要树立认真、严肃的研究态度，以及科学、严谨的研究作风；其次，研究要从实际出发，实事求是，面对复杂多变的教育教学现象，在研究中去伪存真是研究的基础，也是教育教学研究的灵魂。

2. 教育教学研究的创新性原则

创新性原则是指对教育教学的历史不能全盘接受或否定，而是在对教育教学进行全面研究与分析的基础上，能够发现新问题，提出新观念，产生新的认识，提炼新的方法，从而对教育教学产生新的驱动力，要在继承的基础上进行创新，以对教育教学传统产生最有力、最深刻的批判，在批判中加以继承与创新。

因此，首先，研究者要能够充分了解教育教学的发展历史，吸收历史文化传统，从历史唯物论的角度研究、分析教育教学的发展过程；其次，研究者要密切关注教育教学的发展前沿及趋势，敏锐地捕捉教育教学的新动态与新趋势；最后，研究者要有多维的研究思路，要能够从不同角度对教育教学现象进行分析与思考。

3. 教育教学研究的理论联系实际原则

理论联系实际原则强调要从教育教学的实践需要出发，以教育科学的理论为指导，通过理论与教育教学实践的结合，不断发展教育教学理论，并将其运用于新的教育教学之中，推动人才培养质量的不断提升。

为此，研究者首先要充分认识教育教学理论对实践的指导意义，要善于在原有理论的基础上结合新的教育教学实践建构新的理论与方法，并将其用于指导实践活动；其次要正确处理教育实践需要和教育实际之间的关系，从教育教学的现状与实际出发，使得教育教学的实践需要能够得到有效满足。

4. 教育教学研究的伦理原则

伦理原则是研究者必须遵循的底线，是指在教育教学研究中处理人与人、人与社会相互关系时应遵循的道理和准则。伦理是一系列指导行为的观念，是从概念角度对道德现象的哲学思考。它不仅包含着处理人与人、人与社会、人与自然之间关系时的行为规范，也深刻地蕴涵着依照一定原则来规范行为的深刻道理。

因此，在教育教学研究过程中，研究者首先要遵守基本的社会道德准则，不能对研究对象（受试者）造成伤害；其次，要尊重研究对象（受试者）的权利，不能隐瞒、强迫研究对象做违心的事；再次，不能给研究对象（受试者）施加不恰当的压力，要让研究对象（受试者）在一种自愿、轻松的环境下接受研究；最后，要认真对待、慎重解释所涉及的研究材料和研究结果，避免存在伦理上的问题。

第三节　教育教学研究案例

我们在安全工程专业人才培养中始终坚持不懈地进行教育教学研究，对人才培养过程中遇到的各类问题展开了认真的思考、分析与探讨，形成了多个研究课题，如江苏省高等教育教学改革研究课题"高校专业综合改革与重点专业类建设研究——以安全科学与工程类为例""高素质创新安全工程专业人才培养模式的研究与实践""'互联网+'下安全人才培养教学模式改革的研究与实践""解决复杂安全工程问题能力培养的线上线下混合式教学模式研究"等，取得了较显著的研究成果，对人才培养发挥了重要的引领作用。下面以江苏省高等教育教学改革研究重点课题"'互联网+'下安全人才培养教学模式改革的研究与实践"（课题编号：2017JSJG026）为例加以剖析。

一、课题研究的目标与指导思想

（一）课题研究的目标

安全是人类一切活动的基础。现代信息社会的快速发展使得安全问题变得更加复杂，安全风险的不确定性更加突出。因此，经济社会对安全人才的要求越来越高，特别是在快速发展的"互联网+"时代，如何按照安全人才的特点，科学、合理地设计高素质创新型安全人才的知识结构，构建安全创新人才培养教学模式，实施有效的安全人才培养过程，为社会提供高素质创新型安全人才，是高等教育责无旁贷的任务。

为此，课题研究以常州大学安全工程专业为例，较深入地探讨了"互联网+"下安全人才培养的教学模式改革，促进了以学生为中心、以成果为导向的发展，全面提升了学生解决复杂工程问题的能力。其研究目标如图6-6所示。

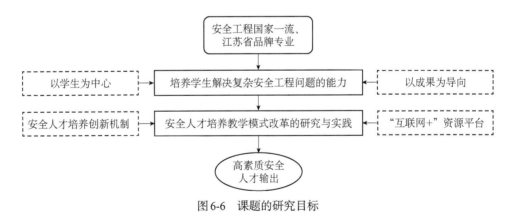

图6-6　课题的研究目标

按照图6-6所示的课题研究目标，课题组在安全工程国家级一流本科专业、江苏省品牌专业的支持下，充分发挥"互联网+"的资源优势，以安全工程专业2016—2021级学生为研究对象，以"系统安全工程"课程为抓手进行了教学模式的改革实践，从课堂教学改革、课程建设、工程实践教学、现代教育技术等方面实施了"互联网+"下安全人才培养教学模式的改革与实践。

（二）课题研究的指导思想

随着社会、经济、科学、技术的发展与变革，人才的意义也在发生根本性变化，人才随着社会需求的变化而呈现出多样性、复杂性、系统性、综合性等特征，教学模式的改革必须适应人才培养的变化。

1. 以"互联网+"背景下工程应用型安全人才的社会需求为导向

正确把握"互联网+"背景下工程应用型人才的社会需求，是进行有效教育的前提，也是工程教育的基本理念。社会对人才的需求是多元化、多层次的，在"互联网+"背景下，社会更加需要知识结构合理、"认知-技能-智力"综合发展的工程应用型人才。

（1）社会对工程应用型安全人才需求的多元化

多元化是指不同属性的对象组合，是客观存在的基本形态。社会对工程应用型安全人才需求的多元化有两方面的含义。一是人才自身的多元化，要求教育者对受教育者实施多元化的教育，形成受教育者在知识、方法、思维、技能等方面的多元化。二是人才类型的多元化。关于人才的多元化类型，目前研究者有不同的观点，一般认为人才的类型主要有研究型、技术型、技能型、操作型、设计型、管理型、服务型等。如何根据社会需要的人才类型实施分类培养、个性化培养，是教育改革与创新需要关注的问题。

（2）社会对工程应用型安全人才需求的多层次

多层次是客观实体存在的基本结构与方式，是由互为条件与相互关联的层次构成的有机结构。社会对工程应用型人才需求的多层次主要是从人才的组成结构出发，其组成结构是金字塔形的，即技能操作层、研究设计层、管理规划层、决策层。四个层次既相对独立又相互关联，共同构成了社会发展所需要的人才结构，这种人才的金字塔形结构对高等教育的人才培养具有重要的指导意义。

（3）社会对工程应用型安全人才需求的"认知-技能-智力"综合

随着社会的发展，社会对人才的需求也发生了复杂的变化，改变了传统对"单一性"人才的需求，如单一的操作性、单一的技术性、单一的设计性、单一的管理性等，而是要求人才具有"认知-技能-智力"的综合性。

2. 把握"互联网+"背景下人才培养的变革特征

"互联网+"使得高等教育发生了天翻地覆的变化，例如，2013年，一群顶尖的美国教育家提出了一个崭新的本科大学教育计划——密涅瓦计划（The Minerva Project），构建了没有校园、全球游学、整合课程、在线研讨的大学教育新模式。密涅瓦大学认为，"互联网+"时代的高等教育应该是全球化的、互联网的，要突破传统高等教育模式，保证真正无地域限制、无歧视招生，能够为学生提供现代化课程、沉浸式的全球化体验与终身的成就支持。密涅瓦大学发给每位新生一个神秘的木盒，木盒上写着"curiosity"（好奇心），里面装着一台定制的iPad，iPad中装有密涅瓦大学自主开发的教学互动系统，该系统可以收集学生与教师在课堂上的交互数据、学生自主学习的数据等，从而应用大数据和互联网平台给每位学生提供更加个性化的学习建议，改变了"一视同仁"的传统教学方式，激发了学生的个体潜能。[①]

"互联网+"背景下高等教育人才培养的变革特征主要表现在如下几个方面。

（1）知识学习与获取路径的变革特征

"互联网+"为知识学习与获取路径提供了无限可能，如可以用计算机、手机等智能终端来学习与获取知识。"互联网+"下的知识学习与获取打破了传统学校的概念与界限，知识学习、获取途径和方式的变化，也使得学习者的学习心理与行为模式发生变化。学习者对互联网产生了高度的依赖性，传统的读、写、记等学习心理与行为模式逐渐淡化，从而对人的感觉、知觉、记忆、思维、想象等心理要素的培养产生了巨大的影响，这种影响将进一步渗入人的学习行为模式的形成与发展之中。

在"互联网+教育"的知识学习环境下，只有深入探讨"互联网+"下大学生的学习动机与学习行为模式，才能形成教学融合的教学路径，提高人才培养的质量。

（2）教师向人才培养"设计师"转变的特征

传统的课堂教学大多是由教师主导的"一言堂"，学生被动地接受教师传授的知识，很少有思考与研究，更不用谈创新了。在"互联网+教育"的背景下，"一言堂"的知识传授被学生厌恶，课堂玩手机、睡觉、无所事事等都是他们的具体表现。

---

① 转引至：邵小晗，邵辉，毕海普.2019."互联网+"背景下的教学模式改革探讨.黑龙江教育（高教研究与评估），（4）：56-58.

因为知识传授式的课堂教学很少教给学生所需要的东西，学生需要的是学会如何学习、如何思考、如何形成自己的技能，以及具有在今后的职场中能够发现新问题、应对新问题、解决新问题的综合智力（能力），这些潜质的培养不是教师主导的"一言堂"教学所能实现的。

为此，教师要利用"互联网+"平台，成为教学的"设计师"，要由知识的"讲授者"转变为学生能力培养的"设计师"，这是新时代对教师提出的新要求。教师不仅要在人才培养的教育理念上有所突破，坚持"学生中心、产出导向、持续改进"的教育理念，把"回归常识、回归本分、回归初心、回归梦想"作为高校人才培养改革与发展的基本遵循；同时"打铁还需自身硬"，教师还要在自身素质、教学内容、教学方法、教学资源、教学手段、互联网与现代教育技术等方面不断学习、变革与提升，由此才能成为合格的人才培养的"设计师"。

（3）高等工程教育改革发展的时代特征

为响应国家战略需求，我国加快了工程教育改革创新，培养造就了一大批多样化、创新型卓越工程科技人才，为产业转型升级提供了多方面的教育支持，如卓越工程师教育培养计划、CDIO［conceive（构思），design（设计），implement（实现），operate（运作）］工程教育、教育部地方高校综合试点专业、新工科建设等，形成了以高等工程教育为时代特征的高等教育改革发展新格局。2016年6月，我国正式加入《华盛顿协议》，标志着我国工程教育质量认证体系实现了国际实质等效，工程专业质量标准得到了国际认可，成为我国高等教育的一项重大突破，为深化工程教育改革提供了良好契机。

（4）"互联网+教育"的时空特征

传统的教学主要局限在课堂这个时空，教师主导和控制着学习的进度与方法，学生根据教师安排的步骤、内容、进度来进行学习，机械地接受教师传授的知识，处在"要我学"的被动学习状态，使学生的学习视野受限，创新思维未得到有效培养。

"互联网+教育"打破了传统教育的时空界限和学校围墙，形成了多方位、多渠道、多媒体、多方式、多角度、多群体的交流格局，营造了学习者自主学习的"教学-学习"新环境。为此，学校要应用现代信息技术，依托"互联网+"平台打造智慧课堂、智慧实验室、智慧校园，探索实施网络化、数字化、智能化、个性化的教育，重塑教育教学形态；同时要利用互联网技术加大各类课程的开放力度，打造更多精品课程，推动教师用好各种数字化资源，实现校际和区域之间优质教学资源的共建共享。

"互联网+教育"要以学生为中心，以学生的个性化发展为出发点，应用互联网思维，充分利用网络资源与现代教育技术，构建"知识结构-系统思维-创新方法-工程能力"的人才培养教学模式。

二、课题研究的方法

（一）课题的研究思路

课题的研究思路如图6-7所示。

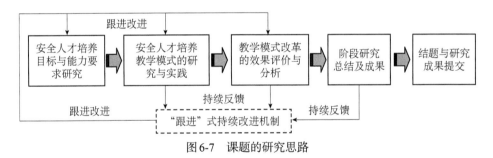

图6-7　课题的研究思路

按照图6-7的研究思路，课题组在厘清安全人才培养目标与能力要求的基础上，根据社会经济发展对安全工程专业人才的特殊需求，结合常州大学的办学定位和本专业的实际情况，在安全工程专业2016—2021级学生中对安全专业的人才培养教学模式改革进行探索与实践，并对教学模式的改革效果进行评价与分析。

（二）课题的研究方法

课题研究主要从安全人才培养目标与能力要求、安全人才培养教学模式两个方面展开。

1. 安全人才培养目标与能力要求研究的方法

安全人才培养目标与能力要求是课题研究的起点和基础，课题组通过对社会经济发展的调研，以学校的办学定位为指导，以安全人才培养为对象，确立了安全人才培养目标与能力要求。安全人才培养目标与能力要求研究的方法如图6-8所示。

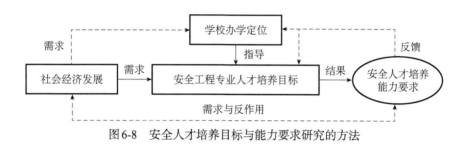

图6-8 安全人才培养目标与能力要求研究的方法

2. 安全人才培养教学模式的研究方法

在进行安全人才培养模式研究时，首先，以学生为中心，制定科学合理的教学目标。其次，根据教学目标建立"提出问题→主动思考→系统学习→实践体验→素质养成"的教学导向模式。最后，遵循教学导向模式，将在线课程共享资源、"校-政-企"实践平台、教学目标达成情况等要素融入教学过程中，通过"互联网+"实现资源共享。安全人才培养教学模式研究的方法如图6-9所示。

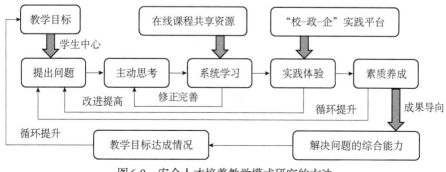

图6-9 安全人才培养教学模式研究的方法

三、课题研究解决的主要教学问题及创新点

（一）课程研究解决的主要教学问题

在研究过程中，课题组以混合式教学模式为基础，开展了系统的教学方法研究与实践，较好地解决了主要的教学问题，如图6-10所示。

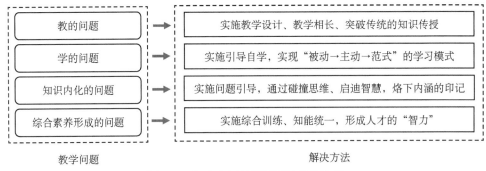

图6-10 解决主要教学问题的方法体系

1. 解决教的问题，从教学设计入手

首先，从理念上，教师要从传统的知识传授者转变为人才培养的教学设计者；其次，要做好教学设计，必须要具有较高的教学设计能力，这就需要教师不断学习，以提升自身的教学设计能力；最后，教学设计要具有可操作性，才能够得到有效落实。

2. 解决学的问题，从引导自学入手

遵循"被动→主动→范式"的自学过程，对于课程中学生易于理解的大量基本知识，教师不再讲授，而是采用考核、精神激励等手段使学生"被动"自学，要求学生在自学过程中撰写自学笔记、感悟交流，教师适时加以引导，使学生逐步体验到自学的意义与乐趣，从而转变为"主动"自学，再经过不断的自学实践与持续改进，最终形成学生的学习"范式"，使学生学会学习。

3. 解决知识内化的问题，从问题引导入手

通过自学和教师的讲授，学生对课程知识有了一定的认识，但是这种认识

是比较肤浅的，处于一种被动状态，随着时间的推移，学生所学知识可能会逐渐淡化，甚至被忘记，但因具备了独立思考和判断的综合能力，实现了知识的内化。

为此，课题组以安全问题为引导，采用小组研讨的方式，要求学生用已学的知识来思考、分析、解决给出的安全问题，鼓励学生发挥"无中生有、不着边际、疑神疑鬼、异想天开"的创新思维，通过碰撞思维、启迪智慧，并进一步要求学生写出研讨报告，上台交流，最终使知识得以内化为能力。

4. 解决综合素养形成的问题，从综合训练、知能合一入手

综合素养是由"职业技能+职业素养"构成的，是经由本科四年的教育过程逐步形成的，某一门课程的教学形成了素养的点滴，整个课程体系就形成了对人才综合素养的完整培养。因此，课程体系中的每一门课程都要建立清晰的逻辑关系，从知能合一的角度开展教学及相应的综合训练，通过知识的学习（某门课程），培养学生的某一能力（如注意力、观察力、记忆力、想象力、思维力等），训练学生对待问题的某些技能（如发现问题、提出问题、分析问题、解决问题等），最终形成学生的智力（综合素养）。

（二）课题研究的创新点

1. 构建并实践了基于"互联网+"的"混合式"教学模式

课题组以"学生为中心、成果为导向、持续改进"为动力，构建了以培养学生解决复杂工程问题能力为导向的"知识结构、系统思维、方法体系、工程技能"的混合式教学模式，借助"互联网+"优势，形成线上与线下、课内与课外、教师引导与学生自学、理论教授与工程实训、现实与虚拟相融合的教学方法与路径体系，实现以教为主向以学为主、以课堂教学为主向课内外结合、以结果评价为主向结果与过程评价相结合的教学模式转变，并在常州大学安全工程专业实施了有效的基于"互联网+"的混合式教学模式改革，提升了安全人才培养的质量，如图6-11所示。

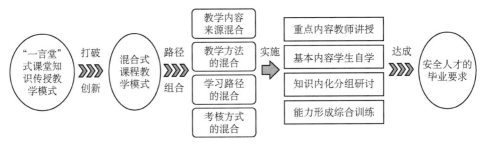

图6-11 基于"互联网+"的混合式教学模式

2."碰撞思维、启迪智慧"的创新教学过程

课题组从大视野的思维、开放性的思维、多媒体的思维、"网络一代"的思维出发，探讨了基于"互联网+"的教学过程。严格地说，教学活动是一个随时空变化而动态变化的函数，在不同的师生、教学内容、教学地点、教学时间等教学条件下，教学活动是千差万别的，这也反映了教学活动的多样性。

课题组在长期的教学实践中形成了"碰撞思维、启迪智慧"的创新教学过程，如图6-12所示。

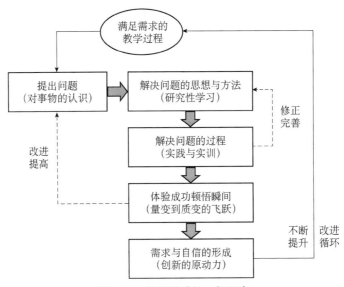

图6-12 教学活动的一般程序

图6-12表明，教学活动启动于提出问题，提出问题的实质就是对事物的认识，无论是教师还是学生，在教学活动中都是从认识开始的。教学活动是一个复杂的主

客体系统，在这个系统中，教师和学生是系统的主体，组成系统的其他要素就是客体（教师和学生在教学活动中互为主客体），在教学活动中，在客体对主体感觉器官的作用、刺激和影响下，主体的认识活动就开始了。随着认识活动的进行，主体感知获得的客体知识会越来越多，逐渐在认识过程中发现新问题。也可以说，认识是主体生产知识的生产活动。

主体在认识中发现的新问题必须要解决，可通过研究性学习来寻找解决问题的方法与路径。从心理学的角度来说，主体通过对感知获得的新知识和过去获得的旧知识进行分析与处理，就会产生新的认识意识，认识活动在新的有所改进的认识意识的指挥下就会发生一系列发展和变化，从而变得更加合理和有效。

通过"对事物的认识"环节，主体发现了某一问题，然后经过"研究性学习"环节，对这一问题进行研究，再经过具体的"解决问题的过程"这一环节，以检验研究的效果，这是一个"认识—实践—再认识—再实践"的过程，由此形成了教学活动的第一个循环。

在上述三个环节的不断循环过程中，教师要有意识地引导、培养学生体验学习过程，这种体验对于不同的个体而言会有所区别，但是学生的学习成长需要这种体验。只有当学生有了"瞬间顿悟"的体验感，才能产生从知识到能力的跃变，才能将知识内化，即使学生把所学的知识忘记了，但保留了独立思考和判断的综合能力，由此形成了教学活动的第二个循环。

教学活动的最后环节，就是要满足培养需求与培养学生的自信，该环节的实施是建立在上述两个循环的基础之上，形成了教学活动的第三个循环。在这一过程中通过不断的持续改进，最终完成教学目标。

图6-12所示的教学活动的一般程序可被应用于任何形式的教学活动中，如一个知识点的教学活动、一门课程的教学活动、四年的教学活动等，为教师开展教学活动提供了清晰的逻辑路径。

3. 基于"互联网+"的教学资源建设

课题组深入探讨了"互联网+"下的教学资源建设与融合，将视听与多媒体网络教育技术、3D仿真与虚拟现实技术应用于课程、实验与教材建设，大大提高了教学资源的共享性、时效性，打破了学生利用教学资源的时空限制，学生可以根据自己的需求与时间，在不同地点进行自主学习，促进了学生的个性化发展。

例如，课题组建设的"安全风险分析与模拟仿真技术"课程获得了国家级一流本科线上课程，编写的课程教材由科学出版社出版，不仅满足了安全人才培养需求，还有效地服务了社会。"安全风险分析与模拟仿真技术"在线课程的建设模式如图6-13所示。

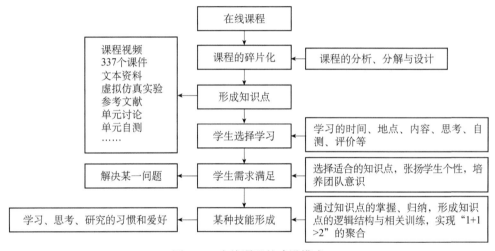

图6-13　在线课程的建设模式

再如，课题组以"回归工程"的理念，构建了化工安全及事故应急虚拟现实与3D仿真综合实验平台，为安全人才培养提供了"现实-虚拟-沉浸"式的工程实践模式，取得了良好的实践教学效果，如图6-14所示。

整个平台系统由虚拟现实系统（相应的硬件装置、配套的软件系统）、3D仿真模拟系统（相应的硬件装置、配套的软件系统）、半实物仿真模拟工厂装置（化工精馏生产工艺）组成，包括安全知识模块、从业实训模块、装置实训模块、应急实训模块，每一模块又包括相关的安全实训内容。

整个平台系统集强化意识、提高技能、固化行为、团队协作于一体，是完全开放性的，学生可以独立自主地进行学习设计，在"现实-虚拟-沉浸"环境中完成一系列的安全实习与技能培训。

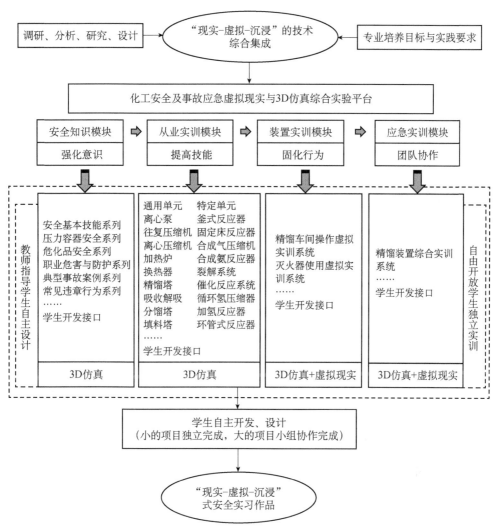

图6-14 "现实-虚拟-沉浸"式的工程实践模式

4. 特色鲜明的安全专业质量文化

课题组始终遵循"回归常识、回归本分、回归初心、回归梦想"的基本原则，坚持"学生为中心、产出导向、持续改进"的教育理念，以质量育人，用教学质量文化统领教学过程，在教学改革过程中，坚持"打铁还需自身硬"的要求，带领教师在自身素质、教学内容、教学方法、教学资源、教学手段、互联网与现代教育技术等方面进行不断学习、变革与提升，结合安全专业人才的特点，形成了"关爱生命、关注安全、服务安全、和谐发展"的安全工程专业文化，为教学改革、安全人才培养提供了安全专业文化支撑，不仅促进了教师从知识的"讲授者"向学生能力培养的"设计师"转变，同时也激发了学生的学习积极性，促进了专业的全面发展，有效地提升了安全人才培养质量。

四、"互联网+"下安全人才培养教学模式改革对人才培养的作用

"'互联网+'下安全人才培养教学模式改革的研究与实践"课题取得了较好的人才培养效果，对教师的教学、学生的学习都发挥了积极、有效的促进作用，主要体现在如下几个方面。

1. 讲授重点、基础自学

通过采用重点内容教师讲授、基础内容学生自学的教学模式，教师教学的自觉性与学生学习的自主性均得到了提高。教师为突出重点教学内容，需要不断思考与创新，进而促进了教师的成长。学生通过自学学会了学习，形成了自学模式，在自学中学会了独立思考、撰写自学笔记，培养了其归纳、演绎与系统性的逻辑思维。

2. 研讨性学习过程

研讨性学习过程实际上是一个学生研讨、教师点评、学生综合的教学过程，这一过程能够充分调动教师、学生这两个主体的积极性。两个主体在教学过程中可能会出现矛盾与冲突，为解决矛盾与冲突，教师可通过自身的引导作用，充分激发每一位学生的学习积极性，让每一位学生都能在学习小组中进行有效的交流、沟通与协作，并有效地展示自己，以培养他们的自尊与自信，使他们形成沟通、表达与团队协作的综合能力。

3. 灵活多样的教学实训

课题组以课程小论文、综合作业的教学实训（实践）过程，引导学生对工程问题进行认知、思考与探寻，通过与工程实际相结合的课程小论文、综合作业的训

练，磨练了学生的认知、思考、问题归纳、文字表达、应用规范等技能，培养了他们分析安全工程问题的综合能力。

4. 学习过程考核与课程考试的融合

课题组对课程考核进行了改革，淡化知识，突出能力，采用学习过程考核与课程考试相结合的模式，使得考核形式更加多样化，考核内容更加综合化，这种形式的考核更加科学、合理与公平，能有效地激发学生的学习积极性与创造性，同时也对教师的教学提出了新的挑战。

第七章

本科人才培养的教育反思

本科人才培养是高等教育的核心，也是国家人才培养的基础。党的二十大报告指出，"教育是国之大计、党之大计。培养什么人、怎样培养人、为谁培养人是高等教育的根本问题"。课题组在长期的本科人才培养实践中得到了诸多教育反思，本章将具体进行介绍。

一、坚持"为党育人、为国育才"的本科人才培养根本方向

党的二十大报告指出，"教育、科技、人才是全面建设社会主义现代化国家的基础性、战略性支撑。必须坚持科技是第一生产力、人才是第一资源、创新是第一动力，深入实施科教兴国战略、人才强国战略、创新驱动发展战略，开辟发展新领域新赛道，不断塑造发展新动能新优势"。这就为本科人才培养提供了理论支撑。

（一）课程思政引领

实施课程思政，将育人元素融入课程教学全过程，是将"为党育人、为国育才"落实到本科人才培养的具体实践。要根据不同专业的人才培养实际情况去挖掘、提炼育人元素，充分发挥"课堂教学"这一主渠道，将育人元素与传授知识、培养能力、培育价值情感有机融合，形成课堂教学的多重育人功能。

课程思政绝不能说教，要用真实、真切的情感与学生进行心灵的交融，才能让学生感受到、体验到内涵，并产生思想的碰撞与共鸣。

（二）科学设计精心准备

课程思政不能独立于课程，教师需要进行科学的课程教学设计，将世界观、方法论与文化滋养等思政要素融入专业课程中，精心做好课前备课、课堂授课、教学研讨、实验实训、作业论文等各教学环节的教学准备，将课程思政渗透贯穿课程教学的全过程，让课程教学真正回归到"育人"的本真。

（三）创新课程思政教学

为发挥课程思政的"育人"作用，要从人的"感知→体验→意志"的心理发展规律出发，根据课程教学的对象不断创新教学方法与方式。

例如，课题组在"系统安全工程"课程中应用"联觉"的心理规律创新课程思

政教学，取得了良好的教学效果。"联觉"是心理学范畴的概念，是人的一种心理活动过程，是以感知为基础，感知觉进一步发展与强化的心理过程。"联觉"的教学意义就是通过心理学学科与专业学科的融合，充分挖掘人的"联觉"功能，促进教学方法的改革，提高教学效果。

在"系统安全工程"课程教学中，课题组以人的"联觉"为抓手，设计教与学的心理过程，通过"联觉"心理的驱动，完成思政要素"感知生命、认识生命、安全意识、安全心理、安全意志、行为规范"的心理体验，实现课程核心价值与课程教学内容的高度融合。

例如，在对"安全意味着可以容忍的风险程度"这一概念进行教学时，这一概念虽然只有14个字，但其内涵十分丰富，既有技术层面的内涵，又有管理层面的内涵，同时还蕴含安全的价值取向。由于概念总体比较抽象，学生学习时好像理解了，但实际上又不得要务，缺乏对"安全"的价值与工程认知的主观体验。为此，在课程教学中，课题组以"过马路斑马线"为例，精心设计了"联觉"驱动的过马路心理体验，深化了学生对"安全"的认知与理解，获得了良好的教学效果。

二、构建"校-政-企-家"协同育人的本科人才培养体系

本科人才培养是一项复杂的教育系统工程，不仅仅是学校的事，还需要学校、政府、企业与家庭等方面的共同努力。2023年1月，教育部等十三部门联合印发《关于健全学校家庭社会协同育人机制的意见》，对构建"校-政-企-家"协同育人体系具有重要的指导意义。

（一）学校要充分发挥协同育人的主导作用

学校是教书育人的主阵地，要全面掌握并向家长及时沟通学生在校期间的思想情绪、学业状况、行为表现和身心发展等情况，积极创新沟通途径，通过家庭联系册、电话、微信等方式，保持学校与家庭的常态化密切联系，帮助家长及时了解

学生的在校日常表现。

学校要充分发挥专业指导的优势，建立健全学校家庭教育指导委员会、学校和家长委员会，落实家长会、学校开放日、家长接待日等制度；统筹用好各类社会资源，积极拓展校外教育空间，着力培养学生的社会责任感、创新精神和实践能力；建立相对稳定的社会实践教育基地和资源目录清单，与协同单位联合开发社会实践课程，有针对性地开展劳动教育、实践教学、志愿服务、法治教育、安全教育和研学活动等。

（二）家庭要切实履行家庭教育的主体责任

家长要提高自身受教育水平，落实与强化"家庭是第一个课堂、家长是第一任老师"的责任意识，坚持以身作则、言传身教，培育向上、向善的家庭文化，积极传承优良家风，弘扬中华民族家庭美德，构建和谐、和睦的家庭关系，为子女健康成长创造良好的家庭环境。

家长要积极参加学校组织的家庭教育指导和家校互动等活动，自觉学习家庭教育知识与方法，主动参与学校的教育活动，积极配合学校依法依规严格管理和教育学生。

家长要充分认识社会实践对子女教育的重要作用，要主动利用节假日、休息日等闲暇时间，积极引导子女走出家庭、体验社会；积极参加文明实践、社会劳动、志愿服务、职业体验等多种形式的实践活动，帮助子女更好地亲近自然、开阔眼界、增长见识、提高素质。

（三）社会要提供有效的全面育人的支持服务

社会要不断完善"社会-家庭"教育服务体系，将家庭教育指导作为城乡社区公共服务的重要内容，积极构建普惠性家庭教育公共服务体系。

社会要积极推进社会资源开放共享，充分发挥各类爱国主义教育基地、法治教育基地、研学实践基地、科普教育基地，以及图书馆、博物馆、文化馆、非遗馆、美术馆、纪念馆、科技馆、演出场馆、体育场馆、公园等在协同育人中的作用，为常态化开展宣传教育、科学普及、文化传承、兴趣培养和实践体验等活动提供支撑。

社会要净化育人环境，健全网络综合治理体系，着力打造有利于学生健康成长的清朗社会文化及良好网络生态；建立多部门协调配合的学校安全工作机制，加强校园周边环境治理，强化安全风险防控，切实保障学校和师生的合法权益。

（四）政府要强化人才培养的实施保障

政府相关部门要将构建"学校-家庭-社会"协同育人机制作为贯彻落实党中央、国务院决策部署的重大政治任务，强化党委领导、政府统筹，将其纳入重要工作日程，加强组织协调、部门联动，完善经费条件保障，积极推动健全"学校-家庭-社会"密切协同的育人机制。

政府要强化专业支撑，推动有关高等院校、科研机构、专业团体开展"学校-家庭-社会"协同育人理论与实践研究，加强理论建设与专业人才培养，积极推进家庭教育指导专家队伍建设。

政府要营造良好氛围，要积极探索、不断总结、大力推广"学校-家庭-社会"协同育人这一有效模式、创新做法，及时总结先进经验，积极推进协同育人实验区建设，切实发挥示范引领作用。

三、创新本科人才培养模式

人才培养模式是人才培养的路径与方法，对人才培养的成果具有重要意义。课题组根据多年人才培养的实践，提出以下需要思考的问题。

（一）将通识教育理念融入人才培养的全过程

通识教育对人才培养发挥着引领作用，对培养学生的思维与方法、拓展学生视野、提升学生综合素养具有重要意义。专业人才的培养既要依靠专业教育，也要重视通识教育的作用。"通识教育"是一个十分广泛的概念，内涵非常丰富，不能简单地把人才培养方案中的公共基础课视为通识教育的全部，专业课中也应包括通识教育的内容。

通识教育重在"育"而非"教"。通识教育没有专业的硬性划分，淡化了专业教育，它提供的选择是多样化的。在通识教育下，学生通过多样化的选择，得到了自由的、顺其自然的成长。可以说，通识教育是一种人文教育，它超越了功利性与实用性，追求对独立人格与独立思考人性品质的培养，旨在"孕育"出真正的、具有不同潜质与精神气质的"人"而非生产批量的"产品"，这正是通识教育的终极追求。

因此，教师要树立通识教育的理念，深刻理解通识教育的意义，在教学过程中深入剖析每一门课程的课程内容、课程教材、教学方式、成绩考评等环节，将通识教育的理念融入人才培养的全过程。

（二）将创新能力培养融入学生学习的全过程

创新能力培养就是淡化知识传授，强化学生自主学习，引导、帮助学生进行自主学习，培养学生养成自主学习习惯，最终达到学生学会学习的目的。

创新能力培养是人才培养的核心要素，要在人才培养的方方面面全面落实"创新是第一动力"的宗旨，不断完善人才体系，把学生创新能力培养纳入培养方案、课程教学大纲、教学设计、教案、教学计划、教学实施的各个环节，在教学中突出学生个性潜能的挖掘与综合创新能力的培养。

高校要坚持"以学生成长为中心"的教育理念，构建"为未知而教，为未来而学"的新型教学关系，最大限度地激发学生学习的主动性、积极性、创造性和好奇心，最大限度地培养学生自主学习、分析和解决问题的综合能力，最大限度地促进学生的个性发展与学生主体性的构建、弘扬与提升。

创新能力的培养要从提升学生的问题意识、批判性思维、独立思考能力，培养学生的动手技能与沟通合作能力，锻炼学生坚韧的意志品质等方面入手，构建创新能力培养的教学体系。

创新能力是在学生的学习过程中逐渐形成的，教师要在学生学习的全过程中加强引导与帮助，促进创新能力培养融入学生学习的全过程。

（三）加强基础，优化本科教育结构

传统的专业设置能够让学生在有限时间内较快地学习、掌握某一学科专业的基本范式、知识能力。但这种教育模式往往过于强调专业和细节，学生的知识和思维容易局限在专业空间里，不利于创造性人才的培养，已越来越不能适应社会发展的需求。因此，加强基础、优化本科教育结构已成为本科人才培养的首要任务，高校要从构建一个多学科交叉、开放融合的学科专业平台入手，引导、培养学生的跨学科思维，以及从多学科视角进行观察、思考、解决问题的能力，具体可从加强文理通识教育的基础（包括人文学科、社会科学、自然科学的基础）和专业教育的基础两方面入手，在专业教育中贯穿通识教育理念与思想，培养学生从不同的视角认识和理解自然、社会与人本身及其之间的关系。

（四）促进专业交叉融合，完善本科教学内容

社会的发展对人才的需求是多专业交叉融合型的，这就要求本科人才培养要在专业形式与教学内容等方面进行改革与创新。

在专业设置方面，高校要思考传统专业的交叉融合与改革创新机制，加强跨学科教育，研究综合（学科）交叉专业的设置与建设，探索和发展跨学科的微专业，满足学生跨学科学习的需求，为培养多专业交叉融合型本科人才提供教育支撑。

在管理体制方面，高校要推进二级学院的改革，落实二级学院人才培养的主体责任，以学院为基础改革完善大类培养方案，促进学院之间本科人才培养的配合与协作，开设跨学科课程，推动跨院系选课。

此外，高校要加大本科教学内容的协同创新，深化课程（教材）建设，以国家级（省级）一流本科课程建设为契机，从社会发展需求出发，全面改革创新课程建设，从知识和能力、过程和方法、情感态度和价值观三个维度提升课程的内涵，进一步深化产教融合、科教融合，强化实践教学，丰富实践教学内涵，加大高水平创

新育人平台开放力度，将先进的行业、产业技术引入教学中。

（五）尊重学生选择，拓展本科教学模式

尊重学生的选择、满足学生的需求是本科人才培养的出发点，为此，在专业交叉融合的基础上，高校要能够提供分层次的多样化培养方案，科学设置多样性的专业选修课，实施弹性学位制，探索建立荣誉学士学位制度。

此外，高校要积极探索、构建"本-研"一体化课程体系，改革、完善学分制，提供更多的国际化和跨文化的交流学习机会，允许学生进行跨院系的专业选择和跨学科的学习，推进学分制的改革与创新。

尊重学生的选择、满足学生的需求，使得本科的教育教学发生如下"三个转变"：一是教育范式将从"教师教什么"转变为"学生学什么"；二是教师角色将从"知识的讲授者"转变为"学习的指导者"，教师将主要通过精心的教学设计，从学习活动、资源、问题、工具等方面帮助学生深刻理解和内化知识，达到综合能力的形成与发展；三是学生从"知识的被动接受者"转变为"自主学习者"，最终学会自主学习。

（六）创新本科教学，改革"教与学"的模式

"教与学"的模式是本科人才培养的基本关系模式，这一关系的协调与融洽是推动本科教学创新的动力。

创新本科教学，就是推动以学生为主体的教学模式改革，如开展小班化教学，开设新生研讨课，推动翻转课堂等混合式教学，淡化结果考核，注重过程考核，完善学业考核评价机制等。为此，高校要提供有利于学生自主学习的支撑条件和良好氛围，打造"处处能学"的智慧教育条件，完善学生的学业发展支持体系；要完善教学激励机制，着力提高教师教学水平，要把好教学关，建立"学校-院系-教研室"三级联动机制，促进教师教学能力的提升；要深化创新创业教育，以赛促学、以赛促教、以赛促改，完善常态化教学评价机制，形成教师教书育人、学生自主积极学习的良好教育氛围，促进本科人才培养质量的不断提升。

四、夯实本科人才培养基石

本科人才培养需要坚实的基础支撑，为夯实本科人才培养的基石，可从如下方面加以思考。

（一）一流的本科专业是本科人才培养的基础

专业是本科人才培养的基本单元，建设一流专业是办好一流本科的基础，也是实现一流本科人才培养的前提。

近年来，为响应国家的号召，各个省份积极开展一流本科专业建设，目的就是要最大限度地发挥专业在一流本科人才培养中的基础作用，通过专业建设，形成良好的专业平台，才能真正把课程、教师、教学、学生及教学方法、教育技术等进行有效整合与提升，实现专业架构下的高质量本科人才培养。一流本科专业建设可从如下四个方面入手。

第一，坚持立德树人，筑牢本科人才培养的中心地位和本科教学的基础地位。高校要把"为党育人、为国育才"贯穿本科人才培养的全过程，着力深化教育教学改革，全面提升人才培养质量，全面落实"以本为本、四个回归"。

第二，紧扣社会发展需求，打造特色优势专业。高校要主动适应新一轮科技革命和产业变革，着力深化专业综合改革，优化专业结构，积极发展新兴专业，改造提升传统专业，打造特色优势专业。

第三，积极集聚优质教育资源，优化人才培养机制。高校要着力推进与政府部门、企事业单位合作办学、合作育人、合作就业、合作发展，强化实践教学，不断提升本科人才培养的目标达成度和社会满意度。

第四，坚持以学生中心、产出导向、持续改进的基本教育理念。高校要建立健全自查自纠的质量保障机制并持续有效实施，将对质量的追求内化为师生的共同价值追求和行为自觉。

（二）一流的本科课程（教材）是本科人才培养的抓手

一流的本科课程（教材）为本科人才培养提供了高质量的教学内涵，也是实现一流本科教学的抓手。做好一流本科课程（教材）建设是培养高质量本科人才的内涵保障，高校的课程建设可从如下几方面入手。

1）高校要以学生中心、产出导向、持续改进的教育理念引领一流本科课程建设，将课程思政融入课程教学，提升课程的高阶性，突出课程的创新性，增加课程的挑战度。

2）高校要立足经济社会发展需求和人才培养目标，优化重构教学内容与课程体系，破除课程"千校一面"的困局，杜绝必修课因人设课，淘汰"水课"，创建课程建设新标杆。

3）高校要以培养、培训为关键点提升教师教学能力，实现基层教学组织全覆盖，教师全员纳入基层教学组织，强化教学研究，定期进行集体备课，研讨课程设计，加强教学梯队建设，完善助教制度，发挥好"传帮带"作用。

4）高校要以提升教学效果为目的创新教学方法，强化教学设计，解决如何讲好课的问题，避免单纯知识传递，强化能力素质培养；强化现代信息技术与教育教学深度融合，解决好教与学模式创新的问题，杜绝信息技术应用的简单化、形式化。

5）高校要以激发学生的学习动力和专业志趣为着力点，完善过程评价制度，加强对学生课堂内外、线上线下学习的评价，强化对阅读量和阅读能力的考查，提升课程学习的广度；加强研究型学习、项目式学习，丰富探究式、论文式、报告答辩式等作业评价方式，提升课程学习的深度；增加非标准化、综合性等评价方式，提升课程学习的挑战性。

6）高校要以提高制度执行力为重点严格管理课程，要严格执行教授为本科生授课制度，严格执行国家对高校的生师比要求，严格执行课程准入制度，发挥校内教学指导委员会对课程的把关作用，拒绝"水课"进课堂。

7）高校要以教学贡献为核心内容制定激励政策，加大对课程建设的支持力度，加大对优秀课程和教师的奖励力度，加大教学业绩在专业技术职务评聘中的权重，营造重视本科课程改革与建设的良好氛围。

（三）一流教师是本科人才培养的支柱

加强师资队伍建设，提升教师综合素养是实现一流本科人才培养的必然。教育部前部长陈宝生指出，高校教师不管名气多大、荣誉多高，老师是第一身份，教书是第一工作，上课是第一责任。①好教师要有"五术"，即道术、学术、技术、艺术、仁术，教师高超的育人水平就体现在这"五术"上。

教师要在其职业生涯中不断地学习、磨炼、完善自我，具体来说，教师应该具备如下三个基本素养。

1. 要"德才双馨"，打铁还需自身硬的底蕴

"德"是教师的基本素质，在人才培养中表现为事业心与责任心等。"才"是指教师的综合能力，包括理论知识、管理科学知识、专业知识，以及综合分析与解决问题的能力等。"德才双馨"是培养德智体美劳全面发展的本科人才的基本教师要求。

2. 要有"心怀若谷"的胸襟

"胸襟"意指一个人的心情、志趣、抱负等，也就是说，人可以通过不断修养，达到"心怀若谷"境界。正如《道德经》所说："古之善为士者，微妙玄通，深不可识……敦兮，其若朴；旷兮，其若谷。"只有汇小溪、纳百川，才能成为江海湖泊。也就是说，教师的胸襟要像江海湖泊一样，由此才能容纳学生的点点滴滴，才能得到学生的喜爱。

3. 要有"心系学生、专业为家"的情怀

"情怀"就是要求教师要心系学生、专业为家，锻造"春蚕到死丝方尽，蜡炬成灰泪始干"的情怀。

（四）一流教学研究是本科人才培养的原动力

创新教学研究、提高人才培养质量是教学研究的基本原则。教学研究是促进专业发展、提升人才培养质量的推进剂与原动力，也是教师成长的重要过程。

---

① 陈宝生.（2018-11-05）[2023-10-18].教育部部长：高校教师不管荣誉多高 老师是第一身份 教书是第一工作 上课是第一责任.https://kjxy.ctgu.edu.cn/info/1102/15117.htm.

做好教学研究，教师要思考如下问题。

1. 教学研究要扎根专业土壤，以专业人才培养需求为目标

教师在进行教学研究时要结合自身专业，探讨专业建设、专业人才培养过程中存在的关键问题，并以问题为导向，寻求解决问题的路径与方法，满足专业人才培养的需求。

2. 教学研究要从教学的细节做起，以解决教学过程中的实际问题为落脚点

教学研究离不开人才培养的教学环境与过程，教师要认真思考与梳理教学过程中的方方面面，进而探讨教学的相关问题，得出相应的教学规律，进一步促进教学效果的拓展与提升。

3. 教学研究需要深刻的教学体验与反思

教师要能够品味教学过程中的点点滴滴，要能够自我反思。深层次的教学研究建立在教师对教学有切身体验与深刻反思的基础之上。为此，教师要不断地学习教育学、心理学等知识理论，并与教学实践相结合，促进自己体验教学与反思教学能力的形成与不断完善。教师要能够静心地"品味"教学的点点滴滴，在"品味"中感悟教学，发现问题。

4. 教学研究贵在坚持

教师进行教学研究要坚持不懈，要勤于思考、勤于创新、勤于实践、勤于总结，要不断积累。教师在进行教学研究时要与本科人才培养的周期相适应，根据人才培养周期不同时间序列中的问题展开系统化的研究，才能获得对人才培养有指导意义的研究成果，促进本科人才培养实践的持续优化。